Imprimerie de Gustave GRATIOT, 11, rue de la Monnaie.

DES

PRINCIPES CONSTITUTIONNELS

DU

GOUVERNEMENT RÉPUBLICAIN

EN FRANCE

PAR

H. THIERCELIN,

Avocat au Conseil d'État et à la Cour de Cassation.

Prix : 1 franc.

PARIS

LIBRAIRIE D'AMYOT, ÉDITEUR,

6, RUE DE LA PAIX.

1848

DES PRINCIPES CONSTITUTIONNELS

DU

GOUVERNEMENT RÉPUBLICAIN

EN FRANCE.

Les événements qui viennent de s'accomplir ont ouvert une ère nouvelle à la France. Un dernier essai de la monarchie a été tenté sans résultat. Si la vénération qu'inspire l'antiquité des traditions, si la gloire des armes, si même les garanties apparentes résultant de l'intervention du pays dans les affaires publiques n'ont pu l'empêcher de succomber quatre fois dans l'espace d'un demi-siècle à peine, on est en droit d'accuser son impuissance à maintenir un état social présentant des garanties sérieuses de stabilité; on est fondé du moins à la considérer comme une forme vieillie, incompatible avec le caractère national.

Toute révolution laisse des regrets, trompe des espérances. Pour certains esprits timorés, elle est prématurée; pour les esprits impatients, elle a été trop tardive. N'ayons de regrets d'aucune sorte après les événements dont la France vient de donner le spectacle à l'Europe. Les dix-huit années qui viennent de s'écouler, celles même qui les ont précédées sont pleines d'enseignements; si nous

1

savons en profiter, nous n'aurons à accuser ni la lenteur du temps, ni sa marche trop rapide.

A la grande œuvre qui se prépare, chacun doit le tribut de ses lumières, le concours de ses forces quelles qu'elles soient ; nul ne serait excusable de rester en dehors d'un mouvement qui intéresse le salut de tous. Que chacun donc apporte sa pierre pour l'édification du monument nouveau. Cette œuvre sera immense ; car la France est appelée à faire la première l'essai d'un gouvernement démocratique dans une nation puissante par le nombre, et une par son esprit, son administration et ses lois.

Ce que nous essaierons de faire ici, c'est de déterminer les bases nouvelles sur lesquelles devront reposer notre organisation sociale et notre organisation politique. La constitution dont nous rechercherons les principes sera républicaine ; car nous ne supposons pas que la forme monarchique ait pu conserver quelque part que ce soit des partisans tentés de faire un nouvel essai. Sans doute l'assemblée qui va sortir de l'urne électorale devra être et sera armée d'une omnipotence que rien ne pourra contrebalancer, pas même la volonté des minorités violentes qui ne voient la liberté que dans la terreur et ne la veulent que pour elles ; mais cette omnipotence, l'Assemblée nationale n'en usera pas aveuglément, soyons-en convaincus. La forme républicaine est la seule possible : elle fera disparaître toutes les dissidences d'opinion, et ces dénominations naguère si significatives de conservateurs, d'opposants, de radicaux, aujourd'hui vieilles d'un mois, c'est-à-dire d'un siècle, n'auront plus de sens que dans l'histoire.

De la constitution. — De la nécessité d'une constitution.

Avant de rechercher quels peuvent être les principes d'une constitution républicaine en France, il ne sera peut-être pas inutile de déterminer l'idée qu'il faut se faire d'une *constitution*. Une constitution n'est point une loi ordinaire, spéciale dans son objet, variable au gré du législateur ; c'est la loi fondamentale de l'État, qui détermine les droits publics et les droits politiques des citoyens et règle la **forme du gouvernement. La** généralité, tel est **son caractère** ; l'immutabilité en principe, telle est **son** essence. C'est le pacte de la nation en qui réside la puissance souveraine avec le gouvernement qui tient d'elle ses droits ; c'est le cercle dans lequel les pouvoirs publics peuvent se mouvoir, et en dehors duquel ils n'ont plus ni le droit d'agir ni leur raison d'être.

A ce dernier point de vue tous les États ont besoin d'une constitution, et tous en ont une : coutumière ou écrite, octroyée ou consentie. A peine faut-il excepter les États où sévit un gouvernement purement despotique. Mais, selon la forme de gouvernement, les garanties qu'elle donne sont réelles ou illusoires.

Les monarchies absolues ont leur constitution. L'ancienne France avait la sienne, avec sa royauté, ses parlements, ses états-généraux, ses priviléges municipaux, etc. Seulement cette constitution fonctionnait irrégulièrement, n'avait que l'autorité d'une simple tradition, et était toujours exposée comme les lois et les coutumes à être absorbée dans la volonté du prince souverain.

Les monarchies tempérées ont la leur ; la Restauration avait sa Charte. Sous les gouvernements de cette nature, la constitution étant une pure concession, n'a pour garantie que la parole du *prince*. Les obligations du *prince* et les droits de la nation n'en sont pas moins réels, mais ils sont dépourvus d'une sanction efficace. Aussi une telle constitution ne donne-t-elle à la nation qui la veut tout entière, mais ne veut rien au-delà, que le droit de demander à continuer de jouir des *priviléges* qui lui ont été concédés, celui de protester contre la violation du droit si le droit est méconnu et d'appeler à Dieu du mépris que le prince a fait de son serment.

Sous le régime représentatif, la constitution a le caractère d'un pacte entre la nation, en qui réside la souveraineté, et le prince, chef du gouvernement (1). L'inobservation des clauses du pacte de la part du prince justifie la révolte.

Enfin le gouvernement républicain doit avoir sa constitution. Mais on comprend de suite que sous un tel gouvernement, la loi fondamentale de l'État aura un caractère qu'elle n'a sous aucun autre, sans cesser cependant de présenter ce caractère commun à toutes : de poser des limites au-delà desquelles les pouvoirs publics agissent sans droit.

Une objection peut être faite sur la nécessité d'une constitution sous un gouvernement républicain. Si sous un

---

(1) La distinction entre le *souverain*, c'est-à-dire la nation, et le *gouvernement*, composé des délégués du souverain, a été faite pour la première fois par Rousseau, et est passée depuis dans la langue du droit public. Nous ne la rappelons ici que pour prévenir une confusion possible.

tel gouvernement le peuple est souverain, et si tous les citoyens forment le peuple, de telle sorte que tous contribuent à l'élection des représentants, il n'y a nulle nécessité, dira-t-on, de poser des limites aux pouvoirs de ces représentants. On comprend la nécessité d'une constitution dans un pays où n'existe pas l'universalité du vote et où il faut distinguer le pays légal, formé d'une minorité votant, du pays extra-légal, formé d'une majorité exclue des élections. Une constitution est alors une garantie pour cette majorité placée hors la loi. Mais cette garantie n'est pas nécessaire dans une démocratie ; car, la nation prononçant alors par la bouche de ses représentants, une constitution ne serait qu'une chaîne qu'elle s'imposerait à elle-même.

Cette objection est spécieuse, mais facile à réfuter.

La nation prononce par la bouche de ses mandataires, cela est vrai ; mais comme après tout elle ne prononce pas elle-même, il suit qu'il peut ne pas lui être inutile de ne donner à ses représentants qu'un mandat limité. Le peuple convoqué pour nommer des représentants sait d'avance l'étendue du mandat qu'il donne ; son attention est alors en raison de la gravité de la mission qu'il confie à ses mandataires, et d'ailleurs l'établissement d'une constitution est une crise qu'il faut traverser. Il ne serait pas bon que cette crise fût permanente, que l'agitation qu'elle occasionne fût continuelle et que la nation fût toujours sous le coup de changements politiques ou sociaux. L'établissement d'une constitution est une garantie pour la tranquillité publique.

Une seconde raison fera mieux sentir encore la nécessité d'une constitution sous tous les régimes. Toute assemblée délibérante qui dure ne tarde pas à s'enivrer de sa propre puissance; si elle peut tout elle ose tout; il est donc indispensable de limiter ses pouvoirs. Une assemblée chargée de faire les affaires de la nation sera toujours nommée pour un temps plus ou moins long; il importe qu'elle sente pendant toute la durée de son mandat le pouvoir souverain qui la domine elle-même. Si une constitution ne déterminait pas l'étendue de ses pouvoirs, la souveraineté de la nation n'existerait plus le lendemain même du jour où la nation aurait nommé ses représentants. Loin donc qu'une constitution soit une chaîne que la nation se donne à elle-même, c'est une garantie de la permanence de sa souveraineté.

D'ailleurs les exemples sont là pour nous instruire. S'il est un État démocratique au monde, ce sont les États-Unis; les conditions de l'électorat y sont presque insignifiantes; dans plusieurs États particuliers même on ne connaît d'autre condition que celle de l'âge de 21 ans. Une constitution y limite cependant les pouvoirs du Congrès; et cette constitution ne peut être modifiée que dans des cas prévus et à des conditions déterminées.

Il est facile maintenant de se faire une idée nette de la constitution dans les États démocratiques. Ce n'est point une concession d'en haut comme dans les monarchies tempérées; ce n'est point comme dans les monarchies représentatives, où l'hérédité suppose un droit au prince, un pacte entre la nation et le chef de gouvernement; c'est une restriction apportée à l'étendue du mandat que la nation confère à ses représentants. Je dirais, s'il m'était permis de parler ainsi, que c'est un cahier permanent des charges auxquelles les représentants de la nation reçoivent leur mandat.

En précisant, comme nous venons de le faire, l'idée de constitution, nous avons presque dit quel doit être l'objet de toute constitution. La plus parfaite sera évidemment celle qui assurera à la nation la jouissance de toutes les libertés compatibles avec l'ordre, et organisera un ensemble de pouvoirs publics capable de maintenir l'organisation sociale qu'elle aura établie. Quelles peuvent être pour nous ces libertés dans l'état actuel des choses? Quelle pourra être la constitution de cet ensemble de pouvoirs publics? C'est ce que nous essaierons de dire, après avoir déterminé la nature des droits que peut avoir l'homme en société, et que la société doit lui garantir.

Les droits dont jouit l'homme en société sont de différente nature : il en est qu'on ne pourrait lui ravir totalement sans que la société cessât d'exister. Dans toute société, si informe qu'on la suppose, l'homme a le droit plus ou moins complet de se mouvoir, de manifester sa pensée ; il a également celui d'acquérir et de transmettre les objets matériels susceptibles d'appropriation. Si l'on se place dans un état de société plus avancé, les droits de la première espèce seront plus complets, moins restreints, plus nombreux. La liberté individuelle sera plus entière, mieux garantie ; le droit de manifester sa pensée par la presse. celui de manifester sa croyance religieuse par des actes extérieurs, etc., seront assurés à chacun, et ne subiront d'entraves qu'au moment où leur exercice serait un attentat à une des libertés d'un ou de plusieurs autres membres de la nation, que là où l'usage deviendrait un abus. Quant aux droits d'acquérir et de transmettre, ils seront, dans l'état de société où nous nous plaçons par hypothèse, l'objet de conventions variées, et se décomposeront à l'infini.

Tous ces droits ne sauraient évidemment être rangés dans la même classe. Les premiers existent indépendamment des rapports que celui qui en jouit peut avoir avec ses semblables : le droit d'écrire et de prier, par exemple, peut importer à un anachorète. De plus, l'exercice n'en est soumis à aucune condition d'âge ou de capacité. Les seconds, au contraire, comme le droit d'acheter ou de vendre, ne peuvent se concevoir indépendamment des rapports que l'homme peut avoir avec ses semblables, et l'exercice en est soumis à certaines conditions d'âge, d'indépendance et de capacité. Pour ne pas les confondre, nous appellerons, avec tous les jurisconsultes, les premiers droits publics, et les seconds droits civils.

Ces deux sortes de droits ne sont cependant pas sans rapports entre elles. L'ensemble des lois qui déterminent l'étendue et les limites des uns et des autres dans une société, forme ce que l'on appelle l'organisation sociale. Ce sont toutes ces lois dont la constitution devra établir les bases.

Mais une organisation sociale, en la supposant même parfaite, n'est pas le seul besoin d'une nation. Déclarer le droit sans lui assurer une sanction, c'est faire une œuvre incomplète. Un ensemble de pouvoirs publics devra maintenir l'ordre établi, pouvoir même le modifier dans ses détails s'il y a lieu. Poser les bases de cet ensemble de pouvoirs : tel devra être le second objet de la constitution.

Nous avons essayé de donner une idée de la nature des droits publics et des droits civils dont la jouissance doit être attribuée à la société. Il y a lieu de remarquer que dans une société quelque peu avancée, l'intervention de la nation dans les affaires publiques confère à ses membres une troisième classe de droits appelés droits politiques. Ces droits (et l'on ne peut appeler ainsi que les droits électoraux puisque l'on ne saurait appeler droit le pouvoir que certains citoyens tiennent de l'élection), ces droits, disons-nous, sont, à la différence des droits publics et civils, de véritables fonctions que les citoyens tiennent de leur qualité même de membres de la nation, et dont la jouissance doit être nécessairement soumise à des conditions déterminées, ne fût-ce que celles de l'âge, du sexe et de la sanité de l'esprit.

L'organisation sociale et l'organisation politique ont nécessairement l'une sur l'autre une influence réciproque, qui doit éveiller au plus haut point l'attention du législateur constituant. L'une est le but, l'autre le moyen. L'inégalité entre les deux termes est pour l'État une cause nécessaire de trouble. L'égalité civile, pour prendre un exemple, semble appeler l'égalité politique. Toute réforme sociale amène tôt ou tard, et par la nature même des choses, une réforme politique, et réciproquement. Cette corrélation entre les deux termes, la forme sociale et la forme politique, ne saurait être méconnue sans danger.

Il n'est sans doute point impossible de concevoir une organisation sociale parfaite avec un gouvernement défectueux, le régime de l'égalité civile sous une royauté absolue. Mais, si en théorie cette disparité est possible, les faits ont démontré qu'elle ne peut durer. La révolution qui vient de s'accomplir en fournirait une preuve nouvelle. Le gouvernement de 1830 portait en lui-même, à part les autres causes de dissolution, le germe d'une décomposition inévitable : le mouvement qui l'a renversé n'a été que l'explosion d'une aspiration comprimée, celle des masses à la vie politique.

Nous pouvons aborder maintenant le problème que nous nous sommes posé : Quelles pourront être pour l'avenir les bases de notre organisation sociale? Quelles devront être les bases de notre organisation politique?

Lancés dans l'inconnu, nous ne devons pas perdre les leçons du passé. L'histoire est pleine d'enseignements ; il serait imprudent de les dédaigner. Tous les monuments législatifs qui se sont, hélas! accumulés dans nos recueils doivent être mis à profit (1). S'ils n'ont pas subi l'épreuve du temps, ils présentent du moins la garantie d'une petite expérience. Les constitutions étrangères même peuvent être consultées, mais avec plus de réserve. Celle des États-Unis, entre autres, peut fournir d'utiles enseignements, si l'on tient compte toujours des différences qu'il faut faire entre un État fédératif et un État fondé sur le principe de l'unité administrative.

(1) Sans remonter aux constitutions de l'ancienne France, dont il serait assez difficile de retrouver les titres, les lois constitutionnelles, promulguées en France, sont la constitution du 3-14 septembre 1791, établissant le régime représentatif ; la constitution du 24 janvier 1793, qui fonda législativement le régime républicain, mais ne fut, de fait, jamais exécutée ; la constitution du 5 fructidor an III, qui établit le gouvernement directorial ; la constitution du 22 frimaire an VIII, qui établit le gouvernement consulaire, et fut successivement modifiée par les sénatus-consultes des 14 et 16 thermidor an X, qui établirent le consulat à vie, du 28 floréal en XII, qui établit l'empire ; la charte constitutionnelle du 4 juin 1814, et enfin celle du 7 août 1830. Toutes ces constitutions, à l'exception de celle du 22 frimaire an VIII, déterminent les droits publics des citoyens et la forme du gouvernement Cette dernière ne s'est occupée que de l'organisation politique.

De l'Organisation sociale.

Toutes les constitutions de la France, celle qui organisa le régime consulaire exceptée, contiennent une déclaration des droits publics des citoyens. Cette déclaration n'y avait pas seulement l'autorité d'une formule de principes; c'était en réalité une partie de la constitution.

S'il était permis d'user d'une pareille méthode d'exposition, nous dirions tout d'abord que les droits publics dont la constitution républicaine devra garantir la jouissance à tous les membres de la nation sont les suivants :

La liberté individuelle ;

La liberté des cultes ;

La liberté de la presse ;

La liberté de l'enseignement ;

La liberté du travail ;

Le droit de propriété ;

Le droit de pétition ;

Le droit d'association.

Nous ajouterions à ce catalogue des droits garantis par la constitution, la mention du grand principe de l'égalité civile.

Mais la difficulté n'est pas dans la rédaction du catalogue des libertés publiques. L'usage de tout droit, de toute liberté, doit être limité dans l'intérêt même de ceux que l'abus de ce droit pourrait blesser dans l'exercice d'une liberté que la constitution leur garantit également; ou plutôt ce droit, cette liberté, cesse d'exister s'il devient un abus. La difficulté consiste à déterminer dans la constitution l'étendue de chaque droit et le mode de répression dont le législateur appelé à faire les lois spéciales pourra faire usage pour arrêter ou prévenir les abus.

A cet égard, une observation générale doit précéder l'analyse de chacun des droits dont il vient d'être fait mention.

Le législateur, placé dans la nécessité d'empêcher les infractions à la loi, a à sa disposition deux sortes de moyens. Il peut prévenir le mal en empêchant l'usage de telle liberté dans tel cas donné, en d'autres termes, faire usage de *moyens préventifs ;* il peut aussi laisser à chacun le libre usage de sa liberté et se contenter de punir le mal accompli, c'est-à-dire ne faire usage que de *moyens répressifs.* Le législateur qui adopte le système de la prévention n'édicte de peines que contre l'infraction aux règlements qui défendent, mais punit toute infraction à ces règlements, l'action ne dût-elle pas être dommageable ; s'il s'en tient aux moyens répressifs, au contraire, il ne punit que le mal accompli avec une intention criminelle. Sans doute la répression d'un délit a pour effet de prévenir le mal pour l'avenir par l'intimidation qu'elle exerce sur ceux qui seraient tentés de le commettre ; mais on sent bien que ce serait jouer sur les mots que de confondre, pour ce motif, la répression avec la prévention, et que les effets indirects que la répression peut produire ne sauraient lui enlever son caractère propre qui est de ne punir que le mal accompli.

La question qui se présente ici est celle de savoir par quels moyens la constitution pourra permettre au législateur d'empêcher l'abus des libertés qu'elle reconnaît aux citoyens. Poser cette question, c'est la résoudre. Il est évident que si la constitution permettait, d'une manière absolue, au législateur l'emploi des moyens préventifs, elle lui laisserait la possibilité de supprimer les libertés qu'elle proclame.

La constitution devra-t-elle, d'un autre côté, proscrire l'emploi des moyens préventifs sans distinction, quels qu'ils soient ? Le décider, ce serait, dans des cas donnés, laisser la nation désarmée en présence d'un mal irréparable. Il serait plus sage de les proscrire en principe, mais de préciser les cas dans lesquels le législateur pourra y recourir, et de déterminer le caractère de ceux qu'il pourra employer.

Un exemple fera mieux comprendre notre pensée.

Le droit d'association, qui implique le droit de réunion, doit être, nous le croyons du moins, entier en principe. La constitution ne saurait, sans inconséquence, le reconnaître et laisser au législateur la faculté de le paralyser à son gré. Devra-t-elle, au contraire, en autoriser l'usage en tous temps, sans distinction, et ne permettre de punir les auteurs de manifestations dangereuses pour la sûreté de l'État que quand le mal sera en partie accompli ? Évidemment ce serait tomber dans un excès contraire ; il est telles circonstances où la simple répression des manifestations attentatoires à la sûreté de l'État serait purement illusoire. Entre ces deux partis extrêmes, il est un moyen terme : les associations doivent être libres en principe ; cependant la constitution pourra prévoir des cas, comme celui d'une guerre étrangère, par exemple, où le législateur pourra les interdire si, à tels ou tels signes, il est reconnu qu'elles sont hostiles au gouvernement établi.

Pour conclure, nous dirons donc que la constitution ne devra permettre, en thèse générale, l'emploi que des moyens répressifs contre l'abus des libertés qu'elle reconnaît ; qu'elle ne devra, que par exception, autoriser l'emploi des moyens préventifs, et que alors le caractère des moyens auxquels on pourra recourir, et les cas où ils pourront être employés, devront être soigneusement déterminés.

Passons à l'analyse de chacun des droits publics énumérés plus haut.

Liberté individuelle.

Ces mots éveillent une idée connue. La liberté individuelle comprend la faculté de locomotion, et généralement toute manifestation extérieure de faits qui ne peuvent être considérés comme le résultat d'un développement moral. L'homme qui prie selon le rite d'un culte, par exemple, use de la liberté des cultes. Le fait extérieur de la prière est la manifestation d'un fait moral ; l'homme qui se meut sans but, qui gesticule sans sujet, ne fait usage que de sa liberté individuelle.

Sous le régime des lois actuelles en France, la liberté individuelle est limitée par les services que le citoyen doit à l'État, soit comme membre du jury, soit comme témoin en matière criminelle, soit enfin comme garde national ou soldat. Elle peut être restreinte dans l'intérêt de la justice sociale : l'intérêt social, tel est le motif de la détention pour cause de crime ou de délit, telle est l'explication vraie ou fausse de la contrainte par corps en matière civile ou commerciale.

Si la loi n'avait à restreindre la liberté individuelle que pour punir un crime ou un délit constaté, il ne serait pas nécessaire que la constitution contînt aucune garantie ; car dans l'état de nos mœurs nulle loi ne pourrait autoriser l'emprisonnement d'un innocent. Mais la loi doit autoriser, pour des cas prévus, les arrestations préventives :

celles que motivent des soupçons graves et qui doivent empêcher le criminel de se soustraire à la vindicte publique. Les arrestations préventives pouvant être l'occasion d'abus d'autorité, il y a lieu de les soumettre à des formes légales, et à ne les autoriser que dans les cas et dans les formes prévus par la loi. C'est ce que faisait la Charte de 1830 qui, après avoir garanti la liberté individuelle, ajoutait : Personne ne pouvant être poursuivi ou arrêté que dans les cas prévus par la loi et dans la forme qu'elle prescrit.

Cette disposition devra être maintenue. Notre Code d'instruction criminelle abuse sans doute un peu des arrestations préventives ; mais ses dispositions seront revisées. Il n'y a pas lieu de rien ajouter par conséquent aux garanties que la Charte de 1830 donnait à la liberté individuelle sur ce point : il suffit que la constitution prévienne à jamais le retour des arrestations arbitraires.

Notre législation autorise une seconde restriction à la liberté individuelle dans un intérêt social ; c'est celle qui peut résulter de la contrainte par corps en matière civile et commerciale. Hâtons-nous de dire que cette partie de notre législation doit être revisée, et que la constitution devra garantir contre le retour de cette voie d'exécution.

La contrainte par corps pour dettes commerciales n'est qu'un reste de barbarie ; elle ne peut se justifier que par de mauvaises raisons. Exécuter un jugement de condamnation sur la personne même du débiteur qui ne peut pas payer ; prendre son corps pour gage d'une dette qu'il a contractée de bonne foi, mais qu'il est dans l'impuissance d'acquitter, c'est évidemment un procédé sauvage que la loi ne saurait autoriser à l'avenir. Le débiteur qui a usé de fraude doit être puni dans sa personne, mais il est alors puni comme coupable d'un délit et non comme débiteur. L'homme qui a contracté une dette ne peut en être tenu que sur ses biens, s'il a agi de bonne foi : le débiteur malheureux ou même imprudent ne peut équitablement expier par la perte de sa liberté son imprudence ou son malheur.

C'est une garantie de paiement pour le créancier, c'est une garantie de crédit pour le débiteur, dit-on : c'est une erreur. Les malheureux qui peuplent les maisons de détention pour dettes eussent été heureux que la loi ne leur permît pas de disposer à l'avance de leur propre personne et tarît pour eux cette source de crédit. Concluons donc et reconnaissons que la contrainte par corps doit être rayée de notre législation et formellement proscrite par la constitution.

Mais les simples restrictions apportées à la liberté individuelle ne sont pas les mesures les plus graves que notre législation autorise. La peine de mort existe encore dans notre Code pénal, et elle existe non seulement pour des crimes ordinaires, mais encore pour des délits purement politiques. La constitution aura à s'expliquer nécessairement sur le maintien ou l'abolition de cette peine.

C'est une question bien grave, bien débattue que celle de la peine de mort pour toutes espèces de crimes, quels qu'ils soient : on n'attend pas que nous la discutions ici, nous aurions à résumer des volumes. Qu'il nous suffise d'appeler l'attention du législateur constituant sur cette question, et de le prémunir contre les entraînements d'une générosité irréfléchie. Il y aurait peut-être un très grand danger à ce que la peine de mort fût abolie dès à présent sans distinction.

Mais il est un point sur lequel le désaccord paraît impossible, c'est celui de la nécessité de l'abolition de la peine de mort en matière politique. Quand nos annales nous montrent tant de crimes commis au nom de la raison d'État, tant de nobles victimes payant de leur vie leur fermeté dans leur conviction, et tant de fois les vaincus de la veille devenir les triomphateurs du lendemain, l'hésitation n'est pas permise. La peine de mort, en matière politique, c'est la force se transformant en droit, c'est la confusion dans les notions du juste et de l'injuste, c'est presque toujours la terreur sous le masque de la justice ; mais ce n'est jamais la justice dans sa sainteté.

Si, d'ailleurs, la justice n'exigeait pas l'abolition de la peine de mort en matière politique, la politique, dans les circonstances actuelles, devrait la conseiller. Abolir la peine de mort pour les délits politiques, ce serait répudier un passé sanglant, ce serait rompre la tradition, ce serait inaugurer l'ère de la concorde, assurer la tranquillité du pays, maintenir la paix du monde peut-être, et donner à l'Europe un noble exemple de force et de clémence. Si notre jeune république se sent forte, elle prononcera l'abolition de la peine de mort pour délits politiques, et pour prévenir un retour, même passager, sur le passé, elle inscrira sa volonté dans la constitution.

Liberté des cultes.

La liberté des cultes implique la liberté de conscience ; la liberté de professer sa religion et de se livrer aux manifestations extérieures d'un culte suppose nécessairement la liberté des croyances religieuses. La garantie du premier de ces droits est donc en même temps la garantie du second.

La liberté des cultes est une conquête de la philosophie moderne ; la tolérance religieuse érigée en principe est un fait nouveau, inconnu de l'antiquité qui n'était tolérante que par mépris pour les cultes étrangers ; inconnu des modernes jusqu'au xviiie siècle, où partout la profession des religions proscrites entraînait des incapacités civiles et politiques. Chez nous, la liberté religieuse fut proclamée, pour la première fois, dans la constitution du 14 septembre 1791, et depuis elle a toujours été comptée, si l'on excepte une courte période de temps, au nombre des droits publics des Français.

Mais la liberté des cultes ne peut être entendue de telle sorte que toute association décorée du nom de secte religieuse doive jouir des mêmes priviléges, des mêmes immunités que celles qui sont attribuées aux religions établies. On ne saurait soutenir, par exemple, que les prêtres de tous les cultes soient fondés à réclamer un traitement de l'État et l'exemption des services publics. A cet égard, la constitution devra, en laissant libres toutes les pratiques religieuses quelles qu'elles soient, en assurant à tous les cultes, nouveaux ou anciens, la protection de la police, désigner ceux qui seront l'objet de la protection de l'État, dont les temples seront entretenus par le budget des communes, et dont les ministres, payés par le Trésor public, seront exempts de certains services.

Nous venons de trancher la question qui a été plusieurs fois soulevée sous le régime de la Charte de 1830, celle de savoir si les associations, ayant pour objet l'exercice d'un culte, ont besoin d'une autorisation. Sous le régime de la nouvelle constitution, il ne pourra être question d'une autorisation semblable. La loi du progrès, ou plutôt pour parler un langage moins sceptique le mouvement des idées, ne permet pas de soumettre à des moyens préventifs l'exercice des cultes mêmes nouveaux. D'ailleurs la question ne pourra se présenter; car, sous le régime de la Charte de 1830, l'exercice des cultes nouveaux était prohibé par application des lois sur les associations. Or, sous le règne de notre constitution républicaine, toutes les **associations devront** être libres, quel que soit leur objet.

Faudra-t-il, d'un autre côté, aller **jusqu'à** ne pas permettre au pouvoir d'imposer aucun frein à la **licence** des associations soi-disant religieuses, dangereuses pour la morale publique ou la sécurité de l'État? Evidemment le pouvoir ne pourrait, sans qu'il y eût péril, rester désarmé en présence de tels abus. Il y aura lieu d'appliquer ici les préceptes que nous avons énoncés plus haut sur l'emploi des moyens préventifs. La constitution pourra laisser au pouvoir le droit de disperser les associations religieuses dangereuses, mais seulement après que le danger aura été constaté par le pouvoir judiciaire, et résultera de la condamnation de l'un ou de plusieurs des chefs de l'association.

Liberté de la presse.

La liberté de la presse est un fait également moderne. Il sembla aux gouvernements, dès la découverte de l'imprimerie, que la disposition de ce nouvel et puissant instrument de la pensée humaine devait être conservée au pouvoir. Aussi vit-on partout la presse soumise à l'emploi des moyens préventifs, à la censure, à la nécessité d'une autorisation préalable.

L'emploi des moyens préventifs absolus, c'est la confiscation de la liberté; l'emploi des moyens préventifs indirects en est la négation. Sous le régime de la Charte de 1830, la censure était impossible, la liberté d'imprimer affranchie de la nécessité d'une autorisation du pouvoir ; mais les pénalités sévères écrites dans les lois, et surtout les entraves, la compression opposées à la force d'expansion de la presse périodique, gênaient l'exercice de la liberté de la presse. Notre constitution républicaine ne saurait autoriser de pareils moyens. La presse ne devra être soumise qu'à l'emploi des moyens répressifs ; elle devra être libre de toutes entraves, quelles qu'elles soient.

Ces entraves étaient de différentes natures. Il en était deux qui pesaient sur toutes les publications : nous voulons parler de la nécessité d'un brevet pour exercer la profession d'imprimeur, et de la possibilité de poursuivre les imprimeurs comme complices des écrivains dont ils avaient imprimé les écrits. Les autres n'affectaient que la presse périodique ; ils consistaient dans la nécessité de fournir un cautionnement pour publier un journal traitant de matières politiques, et la nécessité du timbre pour toutes les publications périodiques. Ces entraves devront disparaître complétement.

La suppression du brevet d'imprimeur pourra léser quelques intérêts privés. Comment pourra-t-on arriver à respecter tous les droits, et cependant à opérer ce progrès ? C'est une question que n'aura point à examiner le législateur constituant, et qui par conséquent ne peut nous arrêter. Ce qui est incontestable, c'est que, sous le régime de la liberté absolue de la presse, nul motif n'existera pour faire de l'exercice de la profession d'imprimeur un privilége ; car cette profession n'est pas de celles dont la loi doive prudemment soumettre l'exercice à des conditions déterminées de capacité.

La profession d'imprimeur rendue libre, la question de savoir si un imprimeur pourra être poursuivi comme complice de l'écrivain dont il aura imprimé l'œuvre perd beaucoup de son importance : la constitution n'aura point à s'en occuper. Mais le législateur qui aura à en développer l'esprit ne devra pas perdre de vue qu'un délit de presse ne peut être collectif que quand ses auteurs ont coopéré à la pensée incriminée, et que par conséquent, si un imprimeur peut être poursuivi comme complice du délit que l'écrit imprimé aura provoqué, il ne peut jamais équitablement être poursuivi comme complice du délit de presse considéré comme délit spécial.

Le cautionnement des gérants responsables des journaux ne saurait évidemment être maintenu ; il n'est point exigé quand il s'agit d'une publication ordinaire. D'ailleurs la nécessité d'un cautionnement constitue un privilége au profit de la richesse. Or, si le privilége pouvait être justifié, ce ne serait pas quand il s'agit pour l'homme d'exprimer sa pensée.

Enfin, nous en dirons autant du timbre. Comme mesure financière, le timbre n'est pour l'État la source que d'un revenu peu considérable, et que de sages économies peuvent rendre inutile ; comme mesure politique, c'est une digue opposée à l'expansion des idées.

Mais si la liberté de la presse doit être débarrassée des entraves qui rappellent la censure, la suppléent même jusqu'à un certain point, on sent qu'elle ne pourrait cependant rester sans frein. La loi dôit donner des garanties à la morale publique, à la paix intérieure des familles et à la tranquillité de l'Etat. Ces garanties, on les trouvera dans l'emploi de moyens sagement répressifs. La loi devra punir les atteintes à la morale, la diffamation et l'excitation à la guerre civile.

A l'égard des délits d'excitation à la guerre civile, délits qui peuvent être si diversement appréciés, la presse doit avoir elle-même une garantie. La loi qui sauvegardera l'ordre public devra sauvegarder la presse contre les entraînements de la passion politique. Cette sauvegarde se rencontrera dans le jugement du jury. Les délits politiques devront être jugés par les cours d'assises. Les cours d'assises devront être juges aussi du délit de diffamation, non-seulement quand la diffamation s'attachera à des fonctionnaires publics, mais encore toutes les fois que la diffamation sera la révélation de faits publics, ces faits fussent-ils imputés à des citoyens qui ne fussent revêtus d'aucune fonction politique. Devant les cours d'assises, du reste (et cela va de soi), la preuve des faits prétendus diffamatoires sera toujours admise, et entraînera l'acquittement du prévenu.

Toutes ces garanties devront être mentionnées dans la constitution. Il ne faut pas que la législation puisse un jour, à l'aide de distinctions subtiles, en fausser l'esprit et semer de nouveaux germes de discorde.

Une dernière observation.

La Charte de 1814 avait proclamé la liberté de la presse, et cependant la Restauration put à l'aide d'un abus de mots rétablir la censure. La Charte de 1830 proscrivit la censure, et les lois de septembre, à l'aide d'une distinction, la rétablirent partiellement. Elle existait pour les dessins, les emblèmes et les pièces de théâtre. Ces équivoques ne doivent plus être possibles. La censure, sous notre constitution républicaine, devra être abolie pour tout ce qui est une manifestation de la pensée. Les dessins et les emblèmes devront pouvoir être publiés à l'avenir sans autorisation, et les pièces de théâtre, affranchies de tout contrôle préalable, ne pourront plus être soumises qu'aux lois répressives applicables à tous les délits de presse.

Liberté de l'enseignement.

Imprimer, c'est enseigner. La liberté de l'enseignement paraîtrait par cette raison devoir être un corollaire de la liberté de la presse. Cependant, comme l'enseignement proprement dit s'adresse non à des hommes faits, mais à des intelligences jeunes, plus impressionnables, par conséquent, et moins défiantes, et comme d'ailleurs les rapports personnels du maître et de l'élève doivent donner à l'enseignement du premier une puissance que n'aurait pas l'enseignement écrit, cette liberté doit être soumise à des mesures préventives, ou si l'on veut à une censure qu'il ne serait ni équitable, ni utile d'imposer à la liberté de la presse.

Il ne faudrait pas croire cependant que l'emploi des mesures préventives fût l'anéantissement de la liberté de l'enseignement. Ce reproche ne serait pas fondé. La loi qui établit des conditions de capacité et de moralité, auxquelles seules un citoyen peut user du droit d'enseigner, mais qui ne fait, du reste, de ce droit le privilége d'aucune caste, ni le jouet d'aucune volonté arbitraire, n'anéantit pas la liberté de l'enseignement ; elle en subordonne seulement l'exercice à de certaines garanties.

Mais si l'emploi des mesures préventives est nécessaire ici, ces mesures doivent donner des garanties contre les abus. Or, voici la difficulté dont on a cherché en vain, mais non sans bruit, la solution depuis dix années.

L'enseignement ne peut être entièrement abandonné, disons le mot, à la spéculation privée. L'État doit pourvoir à ce que l'enseignement soit donné selon les besoins des localités, et aussi selon les exigences des services publics. Il doit donc enseigner par le ministère d'hommes qu'il choisit, pour ne pas dire de fonctionnaires publics, comme il doit, au besoin, se faire marchand de subsistances, entrepreneur de travaux, etc. D'un autre côté, il doit encore juger de la moralité et de la capacité des citoyens susceptibles d'être déclarés aptes à enseigner. Or, comme sous la législation actuelle, cette mission d'appréciation est confiée aux mêmes hommes chargés de l'enseignement de l'État, n'est-il pas à craindre que l'État enseignant n'efface l'État juge des conditions de l'enseignement ; qu'involontairement la profession d'opinions philosophiques ou religieuses, différentes de celles du corps public enseignant, ne motive d'injustes privations du droit d'enseigner, et qu'ainsi l'enseignement libre ne se trouve opprimé par l'enseignement de l'État ?

Ces craintes ont été souvent exprimées et quelquefois justifiées. Comment pourrait-il se faire qu'elles n'eussent à l'avenir aucun fondement ? C'est ce dont on s'est le moins occupé, au milieu des récriminations dont la question de la liberté d'enseignement a été le prétexte.

On ne pourrait songer à confier à deux corps entièrement distincts le soin de l'enseignement public, et la mission de juger de l'aptitude des citoyens à l'enseignement libre. L'Université ne peut être complétement étrangère à l'enseignement libre : d'abord parce que la mission de juger de l'aptitude à l'enseignemeut ne peut être une profession distincte, et ensuite, parce que exclure de cette mission les hommes dont l'enseignement est la profession de chaque jour, ce serait se priver des lumières de l'expérience. Nous ajouterons que, y eût-il deux corps distincts, ayant les deux missions distinctes dont nous parlons, on n'aurait aucunes garanties contre la domination des doctrines universitaires ; car ces deux corps devant se trouver sous l'autorité du ministre, chef de l'instruction publique, tendraient à se confondre par l'action qu'ils auraient l'un sur l'autre.

Dans ces conditions, la seule possibilité de conserver à l'enseignement libre toute sa liberté serait de laisser la composition du corps chargé de surveiller cet enseignement pour moitié à l'élection. Le conseil de l'instruction publique, pour prendre un exemple, serait en partie laissé à la nomination du ministre chef de l'instruction publique, et en partie à l'élection des membres des différents cultes. De cette sorte les membres de l'Université prêteraient à l'État le concours de leurs lumières pour la police de l'enseignement libre ; le chef de l'instruction publique conserverait la surveillance de tout enseignement, quel qu'il fût ; et enfin, toutes les doctrines philosophiques ou religieuses pourraient se produire avec une égale liberté.

Ces garanties que réclame la liberté de l'enseignement devront être, sinon formulées, du moins mentionnées dans la constitution.

Liberté du travail.

Il ne faudrait pas se méprendre sur le sens que ces mots doivent avoir dans une constitution. Proclamer la liberté du travail dans une constitution, ce n'est point le déclarer livré à jamais à l'anarchie ; ce n'est point rendre impossible d'avance les règlements qui auraient pour objet son organisation. C'est seulement prohiber pour l'avenir les règles des corporations, qui parquaient les hommes dans

des professions incompatibles souvent avec leurs aptitudes ;
c'est déclarer l'entrée de toutes les carrières libre à tous.

Mais on sent que quelle que soit l'étendue de la liberté
du travail, il est des professions dont l'exercice sera toujours subordonné à de certaines conditions d'âge et de capacité. L'homme qui, comme médecin, tient dans ses mains
la vie de ses semblables, ou comme notaire, le secret des
familles, devra toujours être astreint à des justifications
d'étude ou d'expérience propres à donner toute sécurité à
la société. Ces conditions imposées à l'exercice de certaines
professions ne détruisent pas la liberté du travail ; car elles
n'ont pas pour effet de fermer l'entrée de certaines carrières à telle ou telle classe de citoyens.

Droit de propriété.

La propriété est, grâce à Dieu, à l'abri de toute atteinte ; les déclamations de quelques utopistes intéressés à
prôner une communauté où ils n'auraient vraisemblable-
ment à apporter ni richesse ni travail, ne sauraient donner
au travailleur des craintes pour le maintien du droit de
conserver les produits accumulés de ses épargnes. Le droit
de propriété est donc inattaquable dans son principe et
dans toutes ses conséquences, en comprenant parmi ces
conséquences le droit de transmettre par succession.

Mais si dans l'état des esprits des garanties données au
maintien des droits de propriété dans la constitution, seraient l'effet de précautions tout au moins superflues, il
sera utile du moins que la constitution garantisse la propriété contre les atteintes dont elle pourrait être l'objet au
milieu des discordes civiles. La confiscation devra être déclarée impossible de quelque nom qu'on puisse l'appeler,

et le sacrifice d'une propriété quelconque subordonné à la constatation légale d'un intérêt public, et au payement d'une juste indemnité.

Droit de pétition.

Sous tous les gouvernements, quels qu'ils soient, la minorité doit faire entendre ses réclamations, et être assurée qu'elles seront discutées. Cette possibilité doit être même laissée aux réclamations individuelles; car une minorité peut être telle qu'elle n'ait pas de représentants dans le gouvernement de la nation, et sa faiblesse ne doit pas faire qu'elle puisse être opprimée. Ce droit pour tout citoyen à être écouté, c'est le droit de pétition.

Sous le régime représentatif, le droit de pétition s'exerçait auprès de l'une et l'autre chambre. La chambre qui accueillait une pétition ne pouvait que la renvoyer au ministre que la matière concernait; c'était enjoindre au ministre de la prendre en considération. Elle ne pouvait faire davantage; car si la chambre, saisie d'une demande, eût pu statuer, le pouvoir exécutif eût de fait résidé dans les chambres, et les ministres n'eussent été que les instruments de leur volonté. Notre constitution républicaine devra maintenir ces principes, car en dehors de ces principes l'indépendance réciproque des pouvoirs législatif et exécutif n'existerait pas, et nous établirons plus loin que la division et l'indépendance des pouvoirs est une garantie de liberté qui doit exister sous quelque forme de gouvernement que l'on imagine.

Droit d'association.

Le droit d'association suppose le droit de réunion : la liberté de s'associer n'existerait pas sans celle de se réunir;

elle serait du moins incomplète et certainement dangereuse. Le droit de réunion a été l'occasion de la révolution
de 1848; la liberté des associations sera une de ses prin-
cipales conquêtes.

Les associations étaient proscrites par la législation de
1830 : la liberté des associations n'existait pas puisqu'on ne
pouvait tenir le droit de s'associer que du bon vouloir de
l'autorité. Dans l'esprit de notre constitution républicaine
le droit de se réunir périodiquement pour s'occuper de
tous objets, même politiques, ne devra rencontrer aucunes
entraves, car il ne présentera aucun danger.

On comprend fort bien que sous un gouvernement oli-
garchique la liberté de s'associer présente des dangers
réels pour la conservation de l'état de chose établi. Quand
une partie des citoyens sont sans droits politiques; quand
les assemblées chargées de légiférer et de surveiller l'administration supérieure sont l'œuvre d'une classe; quand il
y a en un mot dans la nation le pays légal et le pays hors la
loi, les associations sont dangereuses; car elles mettent en
opposition les deux classes de la nation, celle qui peut tout
et celle qui ne peut rien. Elles aboutissent alors à cette
conséquence de constituer une partie de la nation en état
d'hostilité permanent contre l'autre, de susciter des dés-
ordres ou de motiver au moins des craintes, et enfin d'établir auprès du gouvernement régulier un gouvernement
irrégulier, dangereux parce qu'il est irresponsable et ne
s'appuie pas sur la loi.

Mais ces dangers ne seraient qu'imaginaires dans une
démocratie. L'attribution des droits politiques à l'universalité des citoyens fait disparaître tout ferment de jalousie
ou d'hostilité d'une classe contre l'autre; elle fait perdre
aux associations une partie de leur puissance, puisque

leurs membres ne seront soumis à aucune compression légale, et pourront manifester leur pensée dans les assemblées électorales, régulièrement, par leurs votes. La manifestation de la pensée dans des réunions particulières ne peut être dangereuse lorsque les citoyens qui la font n'ont pu comme tous autres faire entendre leur voix légalement. D'ailleurs quand tous concourent à l'élection des représentants du pays, l'assemblée élue a gagné en puissance, en autorité, tout ce que cette liberté de l'élection a fait perdre d'influence à la minorité qui s'agite dans les associations, et la co-existence de deux puissances, l'une régulièrement établie, l'autre extrà-légale, ne saurait alors inspirer de craintes sérieuses.

Le seul danger réel que pourrait présenter la liberté absolue des associations serait dans l'agitation que ces associations auront pour effet d'entretenir. Le commerce, l'industrie, tout ce qui vit de la confiance, tout ce qui est prompt à s'alarmer, pourraient concevoir des craintes, dans ce mouvement qui sera l'état ordinaire de la société. Mais les esprits ne tarderont pas à se rassurer. La polémique de la presse qui, dans certains pays jetterait la perturbation dans le monde commercial, ne cause chez nous aucune émotion. Quand il sera reconnu que l'éducation du peuple est faite, puisque deux cent mille citoyens peuvent se livrer dans la rue à une manifestation qui ne laisse à déplorer aucun excès, les associations, les discussions dans les *clubs*, ne causeront pas une inquiétude plus vive que celle de la polémique des journaux.

La liberté des associations doit donc être entière, et la constitution devra la reconnaître. Mais comme l'exercice de ce droit pourrait entraîner des abus, il y aura lieu de les réprimer. La loi devra punir les délits d'atteinte à la morale, de diffamation et d'excitation à la guerre civile, des mêmes peines qu'elle prononcera contre les délits de la presse.

Tels sont les droits publics dont la constitution devra garantir la jouissance à tous les citoyens : les constitutions antérieures promulguées en France n'en mentionnent pas d'autres. Les constitutions des 14 septembre 1791, 24 juin 1793 et 5 fructidor an III, parlent bien de certains autres droits inhérents à la qualité d'homme et de citoyen ; mais ces prétendus droits publics ne peuvent trouver leur place dans une constitution. Les uns, comme ceux qui naissent du devoir pour tous les hommes de se secourir, sont la conséquence de principes de pure morale, et ne peuvent avoir de sanction dans la loi. Les autres, comme le droit d'opposer la résistance légale aux actes arbitraires de l'autorité, sont la sanction des droits primordiaux dont nous venons de parler, et par conséquent ne peuvent être violés. Tous ces droits, si l'on veut les appeler de ce nom, pourraient trouver leur place dans des traités de morale et de droit public, mais ne peuvent être mentionnés dans une constitution qui d'un côté ne peut s'occuper que de matières législatives, et d'un autre côté ne peut descendre aux conséquences des principes qu'elle pose.

Cette déclaration de droits devra être précédée de la proclamation du grand principe de l'égalité civile, la plus belle conquête de la philosophie du xviii° siècle, la base de notre législation civile et criminelle. La proclamation de l'égalité politique complétera l'affranchissement de la nation.

Mais il ne faudrait pas se méprendre sur le caractère de principe de l'égalité civile. L'égalité civile, ce n'est point l'égalité matérielle, l'égalité des fortunes qui serait la négation du droit de propriété ; ce n'est point davantage l'abolition de toutes les supériorités, de la supériorité de l'intelligence, de la vertu, du dévouement aux intérêts de la chose publique. Cette supériorité est sainte, et le principe de l'égalité civile a principalement pour objet de la consacrer. L'égalité civile dont notre constitution devra maintenir le principe, c'est l'égalité devant la loi; c'est la proscription des priviléges légaux; c'est l'égalité des citoyens pour toutes les charges de l'État, c'est leur admission à tous les avantages que la loi peut conférer et leur admissibilité à tous les emplois publics, civils ou militaires. Cette égalité est la seule réelle, la seule désirable, la seule possible.

Si nous avons déterminé exactement l'idée qu'il faut se faire d'une constitution républicaine, on comprendra de suite que la constitution ne pourra être violée que par le pouvoir législatif.

La nation en s'insurgeant ne violera pas la constitution; car de deux choses l'une : ou bien l'insurrection sera motivée par la violation de la constitution, et alors l'insurrection, loin d'être une violation de la constitution, vengera la constitution violée; ou bien l'insurrection ne sera pas motivée par une violation de la constitution, et alors elle ne sera qu'un abus de la force, et la question de droit se trouvera écartée.

Le pouvoir exécutif ne pourra violer la constitution, car si ses actes sont illégaux, ils ne seront que la violation d'une loi constitutionnelle; il appartiendra alors aux tribunaux de refuser d'en ordonner l'exécution, et au pouvoir législatif d'en demander compte à ses auteurs; et si ces actes sont légaux, conformes à la loi, mais contraires à l'esprit de la constitution, ce ne sont pas les actes légaux qui seront inconstitutionnels, c'est la loi qui les aura permis.

Enfin le pouvoir judiciaire ne pourra porter atteinte à la

constitution, en admettant même qu'on lui reconnaisse le droit de refuser d'ordonner l'exécution des lois inconstitutionnelles ; car s'il n'use pas de son droit, s'il manque à son devoir de pouvoir tribunitien, il ne sera pas pour cela l'auteur du *délit* d'inconstitutionnalité.

Mais, contre les excès de pouvoir du corps législatif, contre la possibilité des lois inconstitutionnelles, il faut des garanties. Ces garanties existeront dans notre nouveau droit public ; elles seront au nombre de trois.

La première et la plus efficace se rencontrera dans la constitution des pouvoirs, dans la composition des assemblées délibérantes. Si ces assemblées sont la représentation vraie du pays, le produit d'une élection sincère, elles respecteront la constitution. Une constitution nationale ne sera pas détruite, ni même faussée par une assemblée nationale.

La seconde garantie se trouvera dans le pouvoir judiciaire. La constitution devra reconnaître aux tribunaux le droit de refuser d'ordonner l'exécution des lois inconstitutionnelles. Notre droit public, sous le régime de la Charte de 1830, ne reconnaissait pas un tel pouvoir à l'autorité judiciaire, ou du moins semblait admettre une distinction : les tribunaux devaient ne pas reconnaître l'autorité d'une loi votée, sanctionnée ou promulguée contrairement aux formes exigées par la constitution ; mais ils étaient tenus d'ordonner l'exécution de toute loi régulièrement faite, cette loi contînt-elle une violation d'un des droits publics garantis par la constitution (voy. la discussion à laquelle a donné lieu l'arrêt de la Cour de cassation, du 11 mai 1833). Notre constitution républicaine devra proscrire cette distinction, et attribuer expressément aux tribunaux le droit de méconnaître l'autorité de toute loi inconstitutionnelle, à quelque titre que ce puisse être.

Ce droit délégué aux tribunaux sera une garantie du maintien de la constitution. Des assemblées délibérantes peuvent s'égarer; il faut une censure : cette censure, nul pouvoir public ne pourra l'exercer plus utilement que le pouvoir judiciaire. Son exercice préviendra la nécessité d'une résistance légale de la part des citoyens. Le refus du pouvoir judiciaire de reconnaître l'autorité d'une loi inconstitutionnelle n'aura pas d'autre caractère que celui d'une opposition légale; or, si la résistance individuelle des citoyens à une loi compromet la sécurité publique et enlève toujours au gouvernement quelque chose de sa force morale, la lutte entre les pouvoirs régulièrement constitués ne devient dangereuse pour l'ordre que quand elle se prolonge. Aux États-Unis de l'Amérique, le pouvoir judiciaire tient de la constitution le droit de méconnaître les lois inconstitutionnelles, et ce droit laissé aux tribunaux y est généralement considéré comme une des plus puissantes garanties d'ordre et de liberté.

Enfin, la constitution trouvera une dernière garantie contre les excès du pouvoir législatif dans la résistance légale des citoyens aux lois inconstitutionnelles. Mais cet exercice suprême du droit est presque toujours le signal des révolutions; rien ne doit être négligé pour le prévenir.

Un mot encore sur la première partie de notre constitution.

Les révolutions de 1789 et de 1830 ont été des révolutions politiques; la révolution de 1848 est surtout une révolution sociale. Ce ne serait juger les événements que sur les apparences que de voir dans le refus obstiné des réformes politiques, la cause unique ou même principale du grand mouvement qui vient de s'opérer. La révolution de 1848 a un tout autre caractère que ses sœurs aînées : sa grande œuvre à elle sera la solution du problème qui peut être posé en ces termes : établir entre tous les travailleurs une juste répartition des produits du travail.

Il semblerait dès lors que la constitution dût garantir la conquête de la révolution, et contenir l'assurance pour tout travailleur d'une rémunération plus équitable de son travail. Si l'on considère cependant le caractère du problème qu'il s'agit de résoudre, on reconnaîtra facilement que la constitution ne devra, ne pourra rien préjuger sur sa solution, et que les garanties qu'elle donnerait ne pourraient qu'être dangereuses.

La constitution ne pourrait, en effet, que mentionner l'obligation pour le législateur de s'occuper de cette grande question, ou bien préciser une solution qu'elle devrait nécessairement recevoir. Or, mentionner une simple obligation pour le législateur serait inutile, car le problème sera résolu depuis bien longtemps, s'il peut l'être, quand viendra l'époque où l'on pourrait n'y plus songer ; d'un autre côté, préciser d'avance un résultat serait un danger, car ce serait donner des espérances positives, reconnaître un droit, et l'étude de la question pourrait ne pas conduire à la réalisation complète de ces espérances, et ne pas donner une complète satisfaction au droit reconnu.

Organisation du travail ! grande et redoutable question ! Déterminer la part du travail dans la répartition des produits ; déterminer celle du capital, quand les risques qu'il court sont si variables, et influeront toujours si puissamment sur l'empressement avec lequel il prêtera son concours à l'industrie ; maintenir l'importance des débouchés quand les frais de la production se trouveront augmentés ; difficultés immenses dont la solution serait la gloire de notre époque. Cette solution, une secte de penseurs l'a trouvée peut-être ; mais quel gouvernement essaiera jamais de réaliser les rêves du phalanstère ! Quelque science que doive nous révéler l'avenir, les règlements de l'organisation du travail seront longtemps encore variables dans leurs principes, et ce motif ne permet pas d'en poser les bases dans une constitution d'aujourd'hui.

Ici se termine la première partie de notre esquisse d'une constitution républicaine. La liberté pour la nation, l'égalité devant la loi ; telle pourrait être son épigraphe. Dieu veuille que la fraternité soit dans les cœurs !

De l'Organisation politique.

Le second objet de la constitution sera l'organisation politique, l'organisation du gouvernement, et par gouvernement il faut entendre l'ensemble des pouvoirs publics chargés d'établir et de maintenir l'ordre dans la cité.

Quelle que soit la forme de gouvernement d'une nation, les différents pouvoirs publics ne sauraient être confondus. Déclarer le droit, c'est-à-dire faire la loi, en poursuivre l'exécution, et enfin prononcer sur les difficultés que cette exécution peut faire naître, c'est-à-dire juger, sont trois attributs distincts. Sous un gouvernement républicain, comme sous une monarchie, il y a donc à distinguer le pouvoir législatif, le pouvoir exécutif et le pouvoir judiciaire.

Cette distinction entre les différents pouvoirs de l'État dans les monarchies et dans les républiques, est la base d'une doctrine qui doit recevoir également son application sous les deux formes de gouvernement. Tout homme investi d'une puissance sans limites est tenté d'en abuser, et cela est vrai aussi des corps moraux, des assemblées délibérantes. Contre cet abus possible il faut une garantie. Les publicistes l'on trouvée dans la séparation des pouvoirs, dans leur indépendance respective. L'homme ou le corps politique investi de la puissance exécutive ne pourra se faire des lois dont il a mission de procurer l'exécution, un instrument d'oppression, si ces lois ne sont pas son ouvrage, et si, d'un autre côté, il ne peut être juge des difficultés qu'elles soulèvent.

Le principe de la séparation des pouvoirs devra donc

être le fondement de notre organisation politique. Sans doute la séparation des pouvoirs n'est point une garantie contre tous les abus; elle ne prévient pas les excès du pouvoir législatif, contre lesquels il faut une répression expresse, ainsi que nous l'avons vu plus haut; elle ne prévient pas les excès du pouvoir judiciaire, qui du reste ne sera jamais tenté d'en commettre, puisqu'il ne pourrait en profiter; elle ne prévient même pas tous les excès du pouvoir exécutif, qui doit être soumis, comme nous le verrons plus loin, à la surveillance des représentants de la nation; mais elle prévient les abus de pouvoir systématiques, l'oppression régularisée, et rend par conséquent impossible la consolidation de la tyrannie dans un État.

Nous allons examiner successivement la composition et les attributions des trois pouvoirs qui, dans leur ensemble, constituent le gouvernement. La constitution de ces différents pouvoirs aura un point commun. Dans un État démocratique, il ne peut y avoir de place pour l'intrigue et la corruption : tout pouvoir doit émaner de la nation. La constitution des différents pouvoirs publics devra donc avoir pour base l'élection.

Pouvoir législatif.

Déclarer le droit, faire la loi, établir la règle à laquelle tout citoyen sera tenu d'obéir; telle est la mission du pouvoir législatif. Cette œuvre est grande et difficile : chez les peuples primitifs elle ne paraissait pouvoir être que celle d'un Dieu; dans les nations modernes la loi est un acte de souveraineté nationale.

La constitution du pouvoir législatif a une influence inévitable sur la constitution des autres pouvoirs. De sa bonne organisation dépend la bonne organisation des pouvoirs exécutif et judiciaire. L'attention du législateur constituant devra donc s'arrêter surtout à l'organisation du pouvoir législatif. Les secrets de cette organisation lui sont révélés par l'histoire. Pour fonder une œuvre durable, il devra en mettre à profit les enseignements, et se garder des tentatives dont le succès n'aurait d'autres garanties que celle de la justesse apparente d'idées purement spéculatives.

La première question qui se présentera à l'attention de l'Assemblée constituante sera cette question fondamentale de tout gouvernement établi sur les bases de l'élection populaire : la loi sera-t-elle l'œuvre d'une assemblée unique ou bien devra-t-elle être soumise à la délibération de deux assemblées distinctes? Cette question est, disons-nous, fondamentale ; de sa solution dépendent l'ordre et la sécurité intérieure.

S'il nous est permis d'user, pour cette partie de notre travail, de la même méthode d'exposition que pour la précédente, nous dirons d'abord que le pouvoir législatif devra se composer de deux assemblées distinctes. Une assemblée qui se sent toute-puissante ne peut être modérée; tout pouvoir qui se sent sans limites s'égare, et cela est vrai des corps délibérants aussi bien que des individus. A toute autorité il faut sinon un contre-poids qui pourrait paralyser le mouvement, du moins un modérateur qui prévienne les excès, les abus. Sous l'empire de ces égarements dont toute assemblée délibérante a offert des exemples, ou sous la direction d'une coterie assez habile pour s'emparer des esprits, une seule assemblée pourrait devenir oppressive : elle se gardera de tout excès au contraire si les résultats de ses votes ne peuvent être que des projets.

Il est une autre raison qui devra faire proscrire le système d'une assemblée unique ; c'est qu'établir une assem-

blée unique, ce ne serait pas seulement décréter l'oppression de la minorité, ce serait la réduire d'avance au silence.
Toute minorité a le droit d'être écoutée, car toute vérité
a commencé par n'avoir pour partisan que le petit nombre.
Liberté de la discussion, telle est la loi des assemblées délibérantes ; or, cette liberté ne peut être sincère quand la
majorité peut tout. Une telle majorité ne trouverait jamais
en elle-même la force nécessaire pour s'imposer le respect
des droits de tous ; forte par le nombre elle ne tarderait pas
à méconnaître son propre règlement, et de l'oubli du règlement au mépris du droit, il n'y aurait qu'un pas.

Enfin, il est une dernière raison qui condamnerait ce
système ; c'est qu'avec un pouvoir législatif ainsi constitué
la société ne tarderait pas à être livrée à tous les hasards
d'essais souvent dangereux. Une seule assemblée élective
aurait en elle-même une force d'impulsion qui peut être
bonne pour constituer, mais qui serait dangereuse pour
conserver. Cette force d'impulsion qui doit être réprimée
quand une révolution n'est point encore mûre ou est accomplie le serait par une seconde assemblée, celle-ci fût-
elle composée des mêmes éléments. L'existence de deux
assemblées serait donc une garantie d'ordre et de sécurité pour la nation, un gage pour l'indépendance de la
minorité et enfin une digue contre des entraînements
aveugles et les dangers qui résulteraient d'une témérité
trop grande.

D'ailleurs, si la nécessité de deux assemblées délibérantes
ne résultait pas de la nature même des choses, elle serait
conseillée par l'exemple. Sans parler de nos différentes
constitutions qui toutes, hormis celle de 1791, ont rejeté le
système d'une assemble unique, on peut citer la constitution des États-Unis qui a remis la puissance législative à

deux chambres toutes deux électives, la Chambre des re-présentants et le Sénat. Les États-Unis ont compris que pour consolider une révolution accomplie par une seule assemblée, il fallait la garantie d'un double vote et d'une double délibération.

Cette première question, en la supposant résolue comme elle l'a été en France et aux États-Unis, en fait naître une seconde : celle de savoir de quels éléments pourront se composer ces deux assemblées. Mais ici la difficulté ne saurait être grande : dans un gouvernement républicain le pouvoir législatif doit être tout entier le produit de l'élection. Les deux chambres seront donc toutes deux électives ; seulement comme l'une d'elles devra représenter l'esprit de conservation, et laisser à l'autre l'élan, l'initiative, il y aura lieu d'en soumettre les membres à de certaines conditions qui ne sauraient être imposées aux membres de cette dernière. Les conditions qui seront déterminées par la constitution devront être des garanties de capacité et de sagesse : elles seraient sages si l'éligibilité était un privilége de l'âge ou le prix de services rendus à la patrie par l'exercice, durant un certain nombre d'années, de fonctions publiques déterminées.

Ici l'on doit prévoir une objection. On dira peut-être que, en déterminant des conditions d'éligibilité pour l'une des deux chambres, et en n'en déterminant aucune pour l'autre, la constitution établirait entre elles une distinction contraire à l'esprit démocratique. Ce reproche ne serait pas fondé. Il peut y avoir supériorité d'une assemblée sur l'autre, lorsque, comme en Angleterre, l'une est le produit de l'élection populaire, tandis que l'autre siége en vertu d'un droit qui lui est propre, comme représentant le principe aristocratique. Il peut y avoir même inégalité, lorsque, comme en France naguère, la composition de l'une des deux chambres est abandonnée au choix du souverain. Mais il ne peut y avoir inégalité entre elles lorsque toutes deux sont le produit de l'élection et sont élues par les mêmes électeurs ; quand leurs titres sont les mêmes en un mot. Et puis, en admettant qu'il puisse y avoir supériorité d'influence de l'une, qui peut être jaloux de l'influence acquise par les talents, les vertus et les services rendus au pays?

Nous ajouterons une autre remarque. Le caractère d'une nation ne change pas instantanément, quelque profonde que soit la révolution accomplie ; aucune institution ne peut faire qu'elle soit ce qu'elle n'est pas. Or, nous ne craignons pas de l'affirmer, pendant longtemps encore, l'avénement de la démocratie dans une chambre unique inspirerait des craintes à une partie considérable de la nation, et ces craintes seraient telles que la démocratie pourrait n'avoir que de trop rares représentants. Il n'y en aurait aucune, au contraire, si la constitution admettait l'existence d'une seconde chambre avec des conditions particulières d'éligibilité. On verrait dans cette chambre une digue contre les tendances exagérées. L'élection de la chambre à qui devra être laissée l'initiative du mouvement, serait partant plus libre, et l'avénement de la démocratie moins contesté. Il n'y a donc aucune exagération à soutenir que le système des deux chambres, avec des conditions d'éligibilité pour l'une d'elles, est une garantie donnée à l'influence démocratique.

Après avoir fixé les conditions d'éligibilité pour l'une des deux chambres, et la condition d'âge pour l'admission dans l'une et dans l'autre, la constitution devra poser les bases de la loi électorale. Ici l'œuvre du législateur constituant sera simple ; car la nation tout entière en a déjà proclamé le principe, qui peut se formuler en deux mots : Égalité politique.

L'universalité du suffrage, le droit d'élection pour tout individu qui ne peut être présumé incapable pour défaut d'âge, ou par l'effet d'une maladie mentale, ni indigne par suite de condamnations judiciaires ; telle devra être la base de notre nouveau droit politique. Aucune autre distinction ne saurait être admise. Lorsque la jouissance des droits politiques est une concession du pouvoir, le pouvoir peut faire des catégories. Mais quand c'est une conquête de la nation, les catégories seraient arbitraires ; les droits conquis doivent l'être pour tous ; les exclusions créeraient une inégalité plus choquante et plus dangereuse que celle qu'elle remplacerait.

Ici toutefois se présente une difficulté. L'universalité des suffrages bannit la corruption, cette plaie du régime qui vient de disparaître, mais laisse subsister d'autres inconvénients ; le législateur constituant devra les prévoir, et la constitution devra les prévenir. Il est certain, par exemple (et ceci n'a pas besoin d'une démonstration), que l'homme des champs, éloigné du mouvement des affaires publiques, par sa vie simple, ses occupations et peut-être même ses goûts, ne saurait apporter à l'élection des représentants tout le discernement nécessaire pour que son vote fût l'effet d'une volonté libre. Dans son impuissance, il s'abstiendra au jour de l'élection, ou bien donnera son vote sans connaître l'homme qu'il en honore, ou bien enfin votera sous l'impulsion d'une coterie ; et dans ce cas son vote ne pourrait être considéré comme la manifestation de sa volonté. Pour parer à ces inconvénients, qui seront encore plus sensibles si l'élection doit avoir lieu au chef-lieu et si chaque électeur doit concourir à la nomination des députés de tout le département, un seul moyen se présente, l'adoption du système de l'élection à deux degrés.

Sous le régime de notre constitution républicaine, les électeurs de la commune ou du canton devront donc nommer leurs délégués, lesquels nommeront les représentants. Tout autre système aurait pour résultat d'amener la confusion dans les élections, d'ouvrir la porte à l'intrigue, de contraindre des électeurs consciencieux à s'abstenir, et enfin de n'amener qu'une représentation fausse de la volonté nationale. Le système de l'élection à deux degrés concilie au contraire toutes les exigences : en divisant les opérations électorales, il les simplifie ; en les simplifiant, il bannit l'intrigue et prévient l'indifférence, et enfin en appelant les électeurs, soit du premier, soit du second degré, à ne voter que sur les candidats qu'ils connaissent, il donne toutes garanties à la libre manifestation de la volonté nationale.

Les objections que l'on pourrait faire contre ce système d'élection n'ont aucune gravité. La première consisterait à dire qu'il rend les électeurs étrangers aux députés qui, dans un tel système, ne connaissent que ceux qui les ont nommés. Mais qui ne voit que cette objection s'élèverait avec plus de force encore contre le système de l'élection directe, où les députés n'auraient de rapports qu'avec les comités électoraux ? L'universalité du suffrage exclut nécessairement les rapports individuels d'électeur à député : l'objection, qui pouvait être bonne contre les projets de lois électorales de la restauration, ne peut avoir dans les circonstances actuelles aucune gravité, car elle prouverait trop.

La seconde objection serait une objection de principe. L'élection indirecte, dirait-on, détruit l'égalité politique, puisqu'elle suppose deux classes d'électeurs. Mais cette objection n'est pas mieux fondée que la première. Le système de l'élection indirecte ne détruit pas l'égalité politique : car nul ne naîtra électeur au second degré, délégué de ses concitoyens. Le droit politique sera pour tous le même, et consistera dans la faculté d'élire des délégués. La qualité de délégué ne sera donc pas plus un privilége politique que celle de représentant ou de fonctionnaire public.

Nous avons supposé jusqu'ici, pour combattre l'élection directe et soutenir l'élection indirecte, que chaque électeur nommerait, quelque fût le système d'élection, les députés de tout le département. Tel doit être, en effet, le dernier principe inscrit dans la constitution. L'élection par listes départementales complète le système d'élection indirecte ; elle rend définitivement impuissantes l'intrigue et la corruption. Ajoutons que si le nombre des représentants doit être déterminé dans chaque localité par le nombre des habitants (et logiquement il n'en peut plus être autrement) l'élection par liste de département est la seule possible.

Le système électoral dont nous venons de présenter une rapide esquisse ne serait pas nouveau : c'est celui des constitutions de 1791 et de l'an III ; c'est aussi, sauf les différences pour la constitution définitive du pouvoir législatif, celui de la constitution de l'an VIII. Or, comme la constitution de 1793 n'a jamais vécu, il est vrai de dire que le système de l'élection indirecte a été le seul système pratiqué en France, durant toute la période où la jouissance du droit politique n'a point été le privilége du petit nombre. Ce système aurait donc sur le système opposé l'avantage d'une expérience de vingt-cinq années.

Il reste une dernière observation à faire sur la composition du pouvoir législatif.

L'égalité politique ne suppose pas seulement la jouissance des droits électoraux ; elle suppose encore la possibilité pour tout citoyen d'être investi d'un mandat législatif. Cette possibilité n'existerait pas si l'éligibilité était subordonnée à des conditions de fortune, comme sous le régime des chartes de 1814 et de 1830 ; elle n'existerait même pas si des citoyens pouvaient être exclus de la représentation nationale par la nécessité de s'occuper de leurs affaires privées et de subvenir aux dépenses de leur séjour au siége des assemblées. La constitution devra donc assurer aux membres des deux assemblées une juste rétribution. Cette rétribution est difficile à justifier quand l'éligibilité est soumise à un cens. Elle est de droit quand tout citoyen est éligible ; elle ne sera pas le salaire d'une fonction, ce ne sera qu'une indemnité du sacrifice de temps qu'impose la collation du mandat de représentant.

Passons aux fonctions du pouvoir législatif.

Le pouvoir législatif n'a, à vrai dire, qu'une mission, celle de faire la loi. Cependant, comme il représente seul la nation, et que le pouvoir exécutif n'est après tout que l'exécuteur de sa volonté, il est certains actes de pure administration dont, à raison de leur importance et de la responsabilité qu'ils imposent, la constitution devra lui réserver la connaissance ; sous le nom de lois, il ne faudra donc pas comprendre seulement les actes ayant pour objet la déclaration du droit, mais aussi tous ceux que la constitution, quelle que soit leur nature, attachera à la puissance législative.

Une question générale doit d'abord être résolue. Dans toute loi, loi proprement dite ou acte d'administration supérieure, il faut distinguer trois époques : la proposition de la loi, son vote, sa promulgation. Proposer la loi, c'est exercer l'initiative, provoquer le mouvement ; la voter, c'est la faire ; la promulguer, c'est la rendre exécutoire. Si le vote de la loi est l'œuvre essentielle des assemblées délibérantes, on comprend fort bien qu'il puisse n'en être point ainsi de sa proposition et de sa promulgation, et dès lors se présente cette question : à qui doit être laissés l'initiative des lois et le soin de les promulguer ?

La question de savoir qui peut proposer la loi a été diversement résolue en France. Les constitutions de 1791 et de l'an III laissaient l'initiative de la loi au pouvoir législatif ; la constitution de l'an III et la charte de 1814 la laissaient au pouvoir exécutif, et enfin la charte de 1830 permettait aux deux pouvoirs de l'exercer concurremment. Cette solution de la question est la seule raisonnable, quelle que soit la forme du gouvernement. Réserver exclusivement l'initiative au pouvoir législatif, ce serait évidemment repousser le concours des lumières et du patriotisme des fonctionnaires de l'ordre administratif placés mieux que personne pour connaître les besoins du pays et la nature des mesures nécessaires pour les satisfaire ; ce serait renoncer, pour les lois spéciales, aux garanties que présente le travail des hommes spéciaux. La constitution devra donc maintenir le principe de la charte de 1830 ; seulement, comme des deux chambres qui composeront le pouvoir législatif, l'une ne représenterait que l'esprit de conservation, notre constitution devra, comme celle de l'an III, ne laisser l'initiative qu'à celle des deux chambres qui représentera le mouvement.

La seconde question que nous nous sommes posée ne saurait être résolue de deux manières. La promulgation des lois suppose leur publication ; elle ne pourra donc qu'être l'œuvre du pouvoir exécutif. Dans toutes les constitutions antérieures il en était ainsi ; le principe de ces constitutions devra être adopté, et il sera sage d'emprunter à la constitution de l'an III la disposition qui obligeait le pouvoir exécutif à promulguer la loi dans un délai déterminé.

Nous avons dit qu'il fallait comprendre sous la dénomination de lois certains actes d'administration que la constitution devrait attribuer au pouvoir législatif. Ces actes étant de leur nature d'une importance considérable, devront être, non pas désignés par classes, mais énumérés dans la constitution. Dans l'état actuel des choses, ils paraissent devoir être les suivants : l'établissement des contributions et la fixation des dépenses publiques, la vérification des comptes, la détermination du titre, du poids et de l'empreinte des monnaies, l'ordre du recrutement de l'armée, l'autorisation de séjour de troupes étrangères sur le territoire français, l'attribution des récompenses nationales, l'autorisation d'aliéner les biens du domaine public, la déclaration d'utilité publique dans les cas où il y a lieu à expropriation, et enfin l'augmentation ou la suppression des offices ministériels. Nous allons les passer rapidement en revue avant de parler d'autres actes qui, sans être d'une importance moindre, ne peuvent être attribués par leur nature qu'au pouvoir exécutif.

Dans toutes les constitutions, sous tous les régimes, les contributions et les dépenses publiques sont fixées par la représentation nationale. Consentir l'impôt, c'était en France le plus ancien privilége du tiers-état, pour parler le langage du temps. Dans notre constitution républicaine, la nécessité pour le pouvoir législatif de voter le budget des dépenses et celui des recettes ne pourrait être une question. A ce sujet il y aura lieu de maintenir ce principe de notre droit public, suivant lequel l'impôt foncier ne peut être consenti pour plus d'une année.

Le second acte d'administration est le complément du premier. Sous le régime des chartes de 1814 et de 1830, les Chambres vérifiaient chaque année, sinon le compte détaillé des dépenses d'une année précédente, ce qui était l'office de la Cour des comptes, du moins la destination, l'emploi que les deniers publics avaient reçu. Les Chambres votaient chaque année une loi des comptes, selon le langage parlementaire, et cette loi était la condamnation ou l'absolution du ministère qui avait été chargé des dépenses de l'État. Selon notre constitution républicaine, le pouvoir législatif aura le droit, le devoir même de vérifier l'emploi des deniers publics ; car quelle que soit l'organisation du pouvoir exécutif, c'est dans les mains de ce pouvoir que se trouvera la fortune de l'État, et le droit de se faire rendre compte est une conséquence du droit de consentir une dépense.

Le troisième des actes d'administration que nous avons énumérés a toujours été attribué au pouvoir souverain : la constitution de 1791 et la constitution projetée de 1793 déléguaient même expressément au pouvoir législatif le soin de déterminer le titre, le poids, l'empreinte et la dénomination des monnaies. Notre constitution devra contenir une disposition semblable. La perturbation qu'un mauvais système monétaire peut jeter dans les relations commerciales impose au pouvoir législatif l'obligation de veiller à la police du numéraire, s'il est permis de parler ainsi.

Le pouvoir législatif devra également prononcer sur le mode de recrutement de l'armée et sur le contingent ordinaire ou extraordinaire qui devra être appelé sous les drapeaux. L'armée, en effet, c'est la force de la France ; et d'ailleurs le service personnel exigé pour la défense du territoire, c'est un impôt.

Que dire des autres actes d'administration? La représentation devra prononcer sur le séjour que des troupes étrangères auraient à faire sur le territoire français, car il y aura toujours en cela un intérêt d'honneur national; sur les récompenses à décerner au nom de la patrie, car il importe d'en rehausser le prix; sur l'aliénation des biens patrimoniaux de l'État et de ceux dépendant du domaine public, car c'est la richesse du pays; et enfin sur les déclarations d'utilité publique dans les cas d'expropriation, et sur la suppression ou l'augmentation des offices ministériels, car de tels actes peuvent porter atteinte à des droits acquis, à la fortune des citoyens et pourraient froisser des intérêts considérables.

Tels sont les actes d'administration qui devront être sans difficulté réservés à la représentation nationale. Mais il en est d'autres sur lesquels des doutes peuvent s'élever; le législateur constituant aura, par exemple, à résoudre cette question de savoir à quel pouvoir devra être laissé le droit de déclarer la guerre et de faire la paix. A cet égard, le législateur constituant devra moins prendre en considération l'importance de l'acte que la possibilité ou l'impossibilité de l'accomplir utilement.

Nous nous expliquons.

De tous les actes d'exécution, le plus grave incontestablement, c'est la déclaration de guerre. Si l'on ne devait s'arrêter qu'à sa gravité, la déclaration de guerre ne pourrait être, comme les actes d'exécution que nous venons de rappeler, que le fait des représentants de la nation. Mais si l'on considère que le pouvoir exécutif seul peut entretenir les relations extérieures, veiller à la sûreté du pays et ordonner utilement les préparatifs nécessaires pour prévenir une attaque ou la repousser, on reconnaîtra que le droit de déclarer la guerre ne peut appartenir qu'à lui. Les événements offriront presque toujours cette alternative : ou bien de mettre la nation dans la nécessité de repousser une attaque, ou bien de la mettre dans la nécessité d'attaquer elle-même pour ne pas attendre l'effet de préparatifs menaçants. Or, dans le premier cas, la guerre existera sans avoir été déclarée, et, dans le second, la lenteur de la délibération de toute une assemblée sur l'utilité de faire la guerre compromettrait infailliblement la sûreté du pays.

Il est deux autres raisons qui devront faire confier au pouvoir exécutif le droit de déclarer la guerre. La première, c'est que, hors les cas d'attaque imprévue, la nécessité de faire la guerre résultera de démarches, de négociations que le pouvoir exécutif n'aurait pu divulguer sans imprudence, et qu'il ne pourrait soumettre à l'examen d'une assemblée délibérante sans laisser passer le moment opportun de déclarer la guerre. La seconde, c'est qu'alors que les hostilités seront imminentes, mais non encore déclarées, les délibérations du pouvoir législatif sur une question de paix ou de guerre ne pourront être libres, et auront lieu nécessairement, dans les circonstances graves, sous l'influence des événements du dehors.

Le pouvoir législatif ne peut donc exercer le droit de déclarer la guerre, quelles que soient les circonstances, soit qu'il s'agisse de repousser une agression, soit qu'il s'agisse de prévenir une attaque, soit même qu'il s'agisse de demander, par la voie des armes, la réparation d'une injustice. Mais si la constitution ne peut lui confier l'exercice direct de ce droit, elle pourra, elle devra même constituer le pouvoir législatif arbitre de l'utilité de la guerre. La constitution pourrait, par exemple, imposer au pouvoir exécutif l'obligation de notifier sans délai aux assemblées délibérantes tout commencement d'hostilités, et l'obligation de convoquer sans délai ces assemblées, si des hostilités avaient lieu dans l'intervalle d'une session, à une autre.

Que dire de la conclusion des traités de paix, d'alliance ou de commerce? Ces actes seront toujours, par leur caractère, des actes urgents; ils ne sont jamais utilement accomplis qu'à un moment donné. Leur conclusion suppose une suite de négociations qui ne peuvent être que le fait du pouvoir exécutif : ce pouvoir seul pourra donc les conclure. Mais comme ces traités pourraient imposer à la nation une paix honteuse, ou l'engager dans des guerres désastreuses, la constitution devra en soumettre la conclusion définitive à la ratification de la représentation nationale.

Telles devront être les fonctions du pouvoir législatif. Dans notre constitution républicaine, la représentation nationale exercera le pouvoir législatif dans son entier, sans contrôle; les actes de haute administration lui seront dévolus; ses décisions, prises dans la sphère de ses attributions, ne seront jamais, quelles qu'elles soient, soumises à la sanction d'une puissance rivale.

Aux fonctions que nous avons énumérées, il faut toutefois en ajouter une dernière, celle de contrôler les actes du pouvoir exécutif. Les assemblées pourront sinon adresser des injonctions au pouvoir exécutif, ce qui serait anéantir le principe de la division des pouvoirs et rendre l'administration impossible, du moins diriger par leur approbation ou leur improbation la marche politique de l'administration supérieure. Les seuls moyens de coercition qu'ils tiendront de la constitution devront être le refus de concours, au besoin même le refus de l'impôt, et la faculté de mettre en accusation les membres responsables du pouvoir exécutif.

Le pouvoir législatif ne fait jamais que des *lois*, ainsi que nous l'avons dit plus haut, soit qu'il déclare le droit, soit qu'il statue sur un acte de haute administration. A ce sujet, il y aurait lieu de s'occuper ici de la discussion de la loi dans le sein des assemblées délibérantes. Mais un pareil sujet devant être plutôt l'objet des règlements intérieurs de chaque assemblée que de dispositions constitutionnelles, nous ne nous y arrêterons que pour faire une observation. Pour être conséquent dans le système d'organisation législative que nous avons esquissé plus haut, il faudra réserver dans tout projet de loi l'initiative de la discussion à celle des deux assemblées à qui appartiendra l'initiative de la loi.

Nous terminerons enfin cette première partie de notre travail sur l'organisation politique, en appelant l'attention du législateur constituant sur la nécessité d'assurer l'inviolabilité des membres de la représentation nationale. Tout représentant ne devra pouvoir être arrêté, hors le cas de flagrant délit, que sur l'autorisation de l'assemblée dont il fera partie.

Pouvoir exécutif.

Le pouvoir exécutif n'a qu'une mission : procurer l'exécution des lois. Cette mission est accomplie par un ensemble d'agents subordonnés les uns aux autres et répartis sur le territoire national.

La première question que soulèvera l'organisation du pouvoir exécutif sera celle de savoir si la direction supé-

rieure de l'administration doit être confiée à un conseil ou
à un seul homme. Cette question est grave; car de sa
solution dépend l'unité de mouvement dans la marche des
affaires politiques et administratives. Nous la résoudrons
à priori en décidant que notre constitution ne devra confier qu'à un seul le soin de faire exécuter la loi et d'admi-
nistrer sous la surveillance de l'autorité législative. Si l'on
songe à la promptitude qu'exigent certaines mesures de
gouvernement ou de haute administration, à l'utilité de
maintenir l'unité dans l'emploi des moyens de gouvernement, et enfin à la nécessité d'un lien commun entre les
différentes branches de l'administration, on restera con-
vaincu que la direction supérieure de l'administration ne
pourrait être remise, sans danger, dans les mains d'un conseil composé de plusieurs membres.

L'établissement d'un *Directoire* ne présenterait aucune
des garanties que l'on en attendrait; il aurait tous les inconvénients inhérents à la nature d'un pouvoir divisé. Les
dissensions intestines rendraient impossibles les mesures
politiques ou administratives qui exigent de la célérité, et
la pluralité des opinions romprait cette solidarité entre les
différentes branches de l'administration, si nécessaire à
l'exécution uniforme de la loi. Comment, en effet, pourrait-
on espérer qu'une communauté parfaite d'opinions existât
entre des hommes dont les pouvoirs seraient égaux, dont
l'association serait l'effet du hasard ou le résultat d'une
combinaison à laquelle ils seront nécessairement restés
étrangers?

Le danger que nous signalons ici n'est point imaginaire.
Ce serait se faire d'étranges illusions sur la nature humaine que de croire qu'une association fortuite d'hommes
peut subsister sans que des rivalités, des ambitions déçues,

de petites jalousies peut-être ne créent des divisions. De deux choses l'une : ou bien la volonté d'un seul s'imposera à tous, et alors la direction supérieure de l'administration sera dans les mains d'un seul homme, et les garanties prétendues résultant de la pluralité des membres du *Directoire* ne seront plus qu'un mot ; ou bien chacun conservera son individualité, et alors quelle sera la volonté qui les départagera ?

Un chef suprême responsable de ses actes, placé au sommet de la hiérarchie administrative, assisté de ministres nommés par lui-même, mais également responsables, telle devra être la première base de l'organisation du pouvoir exécutif. L'unité de direction garantira l'unité gouvernementale, l'unité administrative, la promptitude de l'action et l'homogénéité de la direction supérieure ; la responsabilité du chef du pouvoir exécutif garantira contre les abus d'autorité ; l'assistance de ministres révocables à la volonté de leur chef ou président, assurera le service des diverses branches de l'administration, et enfin la responsabilité personnelle de ces chefs de service ne permettra pas de craindre qu'ils se fassent les instruments d'une volonté arbitraire. Dans ce système, les divisions intestines du conseil des ministres ne sauraient empêcher l'action gouvernementale, car il dépendra du chef du pouvoir exécutif de les faire cesser ; les vacances, que des événements ou des accidents pourraient opérer, ne laisseraient aucun service public en souffrance, car ce même chef pourra y pourvoir ; enfin aucune volonté autre que celle du chef élu par la nation ne pourrait s'imposer dans l'administration supérieure, car les ministres, quoique responsables personnellement de leurs actes, ne seront que des subordonnés.

Les fonctions du chef du pouvoir exécutif ou président seront essentiellement temporaires et de plus électives, car l'élection est la base de la constitution des pouvoirs publics dans un gouvernement républicain; la question de savoir quelle en sera la durée est une question secondaire.

Sera-t-on effrayé de l'étendue des pouvoirs concédés à un tel chef? Cette crainte serait sans fondement. Si un fonctionnnaire électif, élu à temps, chargé seulement de l'exécution de lois auxquelles il ne coopère pas, placé sous la surveillance de deux assemblées délibérantes, forcé de s'adjoindre des ministres responsables, responsable lui-même de ses actes, et exposé à voir ses prétentions écartées comme illégales par les tribunaux auxquels elles pourront être soumises, pouvait attenter impunément aux libertés publiques, il faudrait désespérer du règne de la liberté. Un tel chef sera sous une dépendance aussi étroite de la représentation, que le serait le directoire le plus nombreux; et de plus, il sera toujours plus facile à la représentation de faire fléchir une volonté isolée que de concilier les prétentions rivales des membres d'un conseil électif.

Nous avons dit que la durée des fonctions du président était une question secondaire. Il n'en est pas de même de la question de savoir à qui appartiendra le pouvoir d'élire le président. Aux États-Unis, l'élection du président est confiée à la nation tout entière, à tous les citoyens des divers états, à l'exception des membres du congrès et des fonctionnaires publics. Ces dispositions de la constitution américaine ne paraîtraient pas devoir passer dans la nôtre. Peut-être vaudrait-il mieux confier l'élection du chef du gouvernement aux membres de la représentation nationale, et ne permettre de le choisir que parmi les membres de l'une ou de l'autre assemblée. Ce mode d'élection et cette condition d'éligibilité assureraient l'élection des hommes les plus dignes d'être promus aux honneurs de la présidence par leurs vertus, leur patriotisme et leurs talents politiques.

Mais il ne suffira pas que la constitution détermine le mode d'élection du chef de l'administration; elle devra statuer sur le mode de nomination des agents subordonnés de l'administration. Devront-ils être soumis à l'élection? Évidemment, non : tous les agents, quel que soit leur grade dans la hiérarchie administrative, devront être nommés par les chefs du pouvoir exécutif.

Cela s'explique de soi. On comprend fort bien qu'une constitution puisse soumettre à l'élection les fonctionnaires publics, qui demeurent indépendants dans la sphère de leur action ; car chaque fonctionnaire alors représente le pouvoir tout entier dont il fait partie. Mais dans l'administration, les agents n'étant jamais, à quelque degré qu'ils se trouvent placés, que les exécuteurs d'ordres supérieurs, ne peuvent être nommés que par le supérieur sous l'impulsion duquel ils agiront. Ce n'est point là une exception au principe démocratique de l'élection ; c'est au contraire assurer à l'élection du chef du pouvoir exécutif toute son efficacité. Ajoutons que rendre les fonctions administratives électives, ce serait enlever à l'administration toute sa force d'action, et rendre même l'administration impossible, car on ne pourrait considérer que comme l'effet d'un pur hasard l'élection qui placerait sous la dépendance d'un chef de service un subordonné qui se trouvât en parfaite communauté d'idées avec son supérieur.

Ce mode de nomination devra être appliqué aux ministres eux-mêmes ; ils nommeront leurs subordonnés, et seront nommés par le chef suprême du pouvoir exécutif. Laisser aux assemblées le soin d'élire les ministres, ce serait préparer tous les embarras auxquels le système d'un chef unique a pour objet d'obvier ; ce serait susciter des rivaux au chef du pouvoir exécutif et rendre impossibles l'unité et la promptitude de l'action administrative. Les ministres devront donc être nommés par le chef du pouvoir exécutif, et révocables à sa volonté. Du reste, ce mode de nomination ne saurait empêcher qu'ils soient personnellement responsables des actes auxquels ils auront concouru.

Il y aurait à déterminer ici la nature des fonctions du pouvoir exécutif. Mais la rédaction des dispositions de la constitution, sur ce point, ne saurait être l'objet de difficultés sérieuses. Les fonctions du pouvoir exécutif peuvent se résumer en deux mots : faire exécuter la loi, c'est-à-dire maintenir l'ordre intérieur et assurer la sécurité de l'État en prévenant ou en repoussant toute agression étrangère. Pour faire exécuter la loi à l'intérieur le pouvoir exécutif devra être armé d'un pouvoir règlementaire ; la constitution devra lui reconnaître le droit de prendre les arrêtés nécessaires pour l'exécution des lois. Pour veiller utilement à la sécurité extérieure de l'État, il devra pouvoir négocier et agir; elle devra lui confier le soin d'entretenir les relations diplomatiques avec les nations étrangères, et mettre à sa disposition l'ensemble des forces publiques.

Nous avons dit, en traitant de l'organisation du pouvoir législatif, que l'initiative de la loi devra appartenir concurremment au pouvoir législatif et au pouvoir exécutif. N'y eût-il que ce motif de pouvoir défendre les projets de loi qu'ils proposeront, les membres de l'administration supérieure, c'est-à-dire le président et les ministres, devront avoir leur entrée dans les chambres formant la représentation nationale. Mais il est une autre raison qui y rendrait en tous temps leur présence nécessaire, c'est que le pouvoir exécutif, se trouvant placé sous la surveillance immédiate du pouvoir législatif, devra pouvoir fournir à tout moment l'explication de sa conduite.

Les fonctionnaires du pouvoir exécutif ne pourront s'immiscer dans les fonctions législatives. Cependant, nous avons vu que parmi les fonctions du pouvoir législatif il faut ranger l'accomplissement de certains actes d'exécution que la constitution devra énumérer, et dont des lois particulières pourront augmenter la liste. Est-ce à dire que l'accomplissement de ces actes devra appartenir exclusivement à l'autorité législative, de telle sorte que si, par exemple, un besoin d'hommes ou d'argent se faisait sentir inopinément après la clôture d'une session, le pouvoir exécutif serait tenu de convoquer la représentation nationale et d'attendre le résultat de ses délibérations, au risque de compromettre ainsi l'intérêt de l'État, son salut peut-être? Évidemment il n'en pourrait être ainsi. Le pouvoir exécutif ne pourra s'immiscer dans l'exercice des fonctions purement législatives; il ne pourra jamais faire la loi, mais il devra accomplir, sous sa responsabilité, tous les actes d'exécution confiés à l'autorité législative, quand les circonstances rendraient un retard périlleux. Le pouvoir exécutif a pour mission principale de veiller à la sûreté de l'État; le chef du pouvoir exécutif et ses ministres devraient même être responsables, dans l'esprit de notre constitution, de l'inaccomplissement des actes nécessités par les circonstances, et dont, par pusillanimité, ils auraient évité d'assumer sur eux la responsabilité.

Mais si le pouvoir exécutif ne peut s'immiscer dans les

fonctions du pouvoir législatif, résultera-t-il de là qu'il sera sans action sur ce pouvoir? Non, cela ne saurait être. Des assemblées délibérantes ne peuvent se constituer elles-mêmes ; le chef suprême du pouvoir exécutif aura donc la mission de convoquer les assemblées électorales et les assemblées composant la représentation nationale.

Pourra-t-il à volonté dissoudre la représentation nationale ou en clore les sessions ? Non, évidemment. L'exercice d'un tel droit supposerait la prééminence du pouvoir exécutif; il serait une atteinte à l'indépendance complète du pouvoir législatif. Le droit de dissoudre la représentation nationale à volonté et d'en clore la session, se comprend parfaitement comme attribut d'une royauté constitutionnelle ; le roi est, dans une telle monarchie, une partie intégrante du pouvoir législatif. Lorsqu'il clôt les sessions de la représentation nationale ou la dissout, il use d'un droit qui lui appartient en propre, et fait usage de la suprématie qu'il exerce sur les assemblées délibérantes comme sur tous les corps de l'État; mais, dans un État républicain, un tel droit conféré au chef du pouvoir exécutif serait un non-sens. Le chef du pouvoir exécutif ne participe pas à la confection de la loi, il ne peut donc exercer aucune autorité sur le pouvoir qui la fait.

Les motifs qui viennent d'être énoncés serviront à résoudre la question inverse, celle de savoir si la représentation nationale pourra déposer le chef élu du pouvoir exécutif. La représentation n'aura évidemment aucun droit semblable, si ce n'est dans le cas où le chef du pouvoir exécutif aurait été accusé de trahison et condamné. Sans doute cette coexistence forcée de deux pouvoirs réciproquement indépendants, quoique l'un soit soumis au contrôle de l'autre, pourra présenter quelquefois une situation anormale ; mais cette situation n'aura rien de dangereux. Par la force des choses elle tendra à changer ; d'ailleurs, l'exemple des États-Unis apprend que dans un gouvernement républicain, où la représentation nationale exerce sans partage la puissance législative et les actes de haute administration, le désaccord de la représentation et du pouvoir exécutif n'entrave nullement la marche de l'administration, et qu'un chef peut gouverner sans avoir la majorité, pour nous servir du langage parlementaire.

Telles pourront être et l'organisation et les fonctions du pouvoir exécutif. Le dernier avantage d'un tel plan serait de ne nécessiter que des modifications sans importance à l'organisation administrative de la France, cette œuvre immortelle de la Révolution et de l'Empire. Depuis cinquante années que cette administration fonctionne régulièrement, des traditions se sont établies, des préjugés se sont dissipés, des perfectionnements se sont successivement opérés ; il serait dangereux de mettre le pays, administrateurs et administrés, dans la nécessité de recommencer une éducation sur ce point. Nous ne craignons pas de le dire : quelle que soit la constitution du pouvoir exécutif, la meilleure sera celle qui, sans mettre ce pouvoir en désaccord avec les principes du gouvernement républicain, nécessitera le moins de changement dans l'organisation actuelle de notre administration.

Pouvoir judiciaire.

Le pouvoir législatif ordonne ou défend ; le pouvoir exécutif agit ou empêche ; si l'action du pouvoir exécutif rencontre quelque résistance, le pouvoir judiciaire intervient et prononce. Déclarer le droit, l'appliquer aux cas particuliers

et exécuter la loi , telles sont les fonctions de tout gouvernement considéré comme l'ensemble des pouvoirs publics ;
on n'en saurait imaginer une quatrième. Le pouvoir judiciaire est donc, dans le gouvernement, le pouvoir média-
teur, chargé de maintenir l'ordre dans la cité et de garantir la liberté des citoyens.

Le pouvoir judiciaire ne peut accomplir sa mission qu'à
une condition ; c'est de rester complétement indépendant des
autres pouvoirs de l'État. Comme cette indépendance n'existerait pas si les juges pouvaient être, sous aucun prétexte,
révoqués de leurs fonctions, notre constitution républicaine devra consacrer le principe tutélaire de l'inamovibilité de la magistrature.

Le principe de l'inamovibilité de la magistrature ne
pourrait être mis en discussion. Mais dans le remaniement
complet de l'organisation politique, quelques esprits pourraient être tentés de faire subir à notre organisation judiciaire actuelle une transformation trop radicale. Le législateur constituant devra se tenir en garde contre la tentation
de tout changer. Bien des abus existent , beaucoup peuvent
disparaître ; mais il serait imprudent de renoncer aux
résultats acquis et garantis par un demi-siècle d'expérience
pour courir les chances d'essais toujours dangereux. Pour
prendre un exemple, qui pourrait prévoir les conséquences
de l'introduction du jury en matière civile, alors qu'il est
constant pour tout légiste que cette innovation nécessiterait
la révision de toute notre législation civile et commerciale ?

Mais il est une question qui devra attirer tout particulièrement l'attention du législateur constituant, et dont la
solution, quelle qu'elle soit, ne pourrait entraîner la transformation de l'organisation judiciaire. Nous voulons parler du mode de recrutement de la magistrature. Pour

donner à la magistrature une plus grande autorité, pour mettre la constitution des pouvoirs judiciaires en concordance parfaite avec les principes de notre nouveau droit politique, les fonctions judiciaires devront être, disons-le d'abord, électives.

L'élection, telle devra être en effet la base de la constitution de tous les pouvoirs, sans exception. Les fonctionnaires subordonnés de l'ordre administratif ne pourront qu'être nommés par leurs supérieurs; car ils n'en seront que les délégués. Mais les fonctionnaires de l'ordre judiciaire étant tous indépendants dans la sphère de leur action, devront tenir leurs pouvoirs de l'élection. L'élection rendra impossibles les actes de népotisme et de corruption; elle garantira l'indépendance du magistrat qui ne se trouvera pas enchaîné par le lien de la reconnaissance ; elle assurera l'excellence du choix, en n'appelant à l'exercice des fonctions judiciaires que des hommes dont la probité et le talent auront pu être appréciés par ceux-là mêmes qui les nommeront ; et enfin elle fera que l'avancement des fonctionnaires de l'ordre judiciaire, sera moins le prix de la courtisanerie que celui du zèle et des lumières dont ils auront fait preuve dans l'exercice de fonctions moins élevées.

Mais on sent que l'élection ne pourrait donner toutes ces garanties, si elle avait lieu aux conditions ordinaires. Tout citoyen apte à élire un représentant, un membre de l'administration communale, ne serait point apte à élire un magistrat. Des conditions d'électorat devront donc être déterminées pour l'élection des fonctionnaires de l'ordre judiciaire. Comment les membres de la magistrature, du barreau et les titulaires d'offices ministériels, devront-ils concourir à l'élection des magistrats? C'est une question secondaire dont nous n'avons pas à nous occuper.

Nous devons faire ici une observation.

Dans le langage commun, tout fonctionnaire chargé d'appliquer la loi ou d'en provoquer l'application s'appelle magistrat; sous la dénomination de fonctionnaire de l'ordre judiciaire, on comprend communément le fonctionnaire qui requiert, aussi bien que le magistrat qui juge. La constitution ne devra pas faire cette confusion, et rendre électives les fonctions qu'exerce le premier. Cela serait une inconséquence. Le fonctionnaire qui provoque l'application de la loi est un délégué du pouvoir exécutif; partant, il ne peut être nommé que par le supérieur qu'il représente.

La constitution aura à s'occuper de deux attributions particulières du pouvoir judiciaire : la faculté de se prononcer sur la constitutionnalité des lois, et le jugement, pour cause de trahison envers le pays, des chefs responsables du pouvoir exécutif. Les dispositions relatives à ces attributions compléteront l'ensemble de notre organisation politique, ou plutôt seront la sanction de toutes les autres.

Nous avons déjà parlé plus haut de la nécessité de constituer le pouvoir judiciaire juge de la constitutionnalité des lois, et nous nous sommes expliqué sur la garantie que l'admission d'un tel principe donnerait au respect de la constitution. Nous devons ici compléter notre pensée en présentant une observation sur la manière dont le pouvoir judiciaire usera du droit de déclarer une loi inconstitutionnelle. L'usage de ce droit pourrait être dans ses mains une arme redoutable; il importera que la constitution le réglemente, pour prévenir les usurpations de pouvoir dont il serait l'occasion.

Nous nous expliquons.

Si le pouvoir judiciaire pouvait citer directement à sa

barre le pouvoir législatif, et déclarer inconstitutionnelle telle ou telle loi, alors même que l'application n'en serait pas demandée, la puissance législative résiderait de fait dans la magistrature, et le principe de l'indépendance réciproque des pouvoirs ne serait plus qu'un mot. Les magistrats seraient des tribuns, et formeraient une oligarchie d'autant plus dangereuse que l'inamovibilité la rendrait inattaquable. Ces inconvénients n'existeront pas, au contraire, si le pouvoir judiciaire ne peut prononcer sur la constitutionnalité de la loi que lorsqu'il y aura lieu de l'appliquer à un cas particulier. Tel devra être le caractère du droit que la constitution leur reconnaîtra. Une loi inconstitutionnelle ne pourra jamais être rapportée par un tribunal; les tribunaux pourront seulement refuser d'en ordonner l'exécution. Mais, dans ce cas alors, la loi ne cessera pas d'exister; la question de constitutionnalité pourra être diversement jugée par d'autres tribunaux, et l'existence d'une décision n'enchaînera même pas le tribunal qui l'aura rendue.

La seconde question que nous nous sommes posée est relative à la mise en accusation et au jugement des chefs responsables du pouvoir exécutif. Qui pourra mettre en accusation le ministère prévenu du crime de trahison envers le pays? Qui pourra le juger? Ce sont deux questions sur lesquelles la constitution ne pourrait garder le silence. La première a été résolue par la Charte de 1830; la disposition de cette Charte devra passer dans notre constitution républicaine. La mise en accusation des chefs responsables du pouvoir exécutif ne peut appartenir évidemment qu'à la représentation nationale, car le pouvoir qui surveille peut seul apprécier la valeur des actes du pouvoir qui exécute.

Selon la Charte de 1830, la Chambre des pairs avait

seule le droit de juger les ministres accusés par la Chambre des députés. Une assemblée délibérante remplissait ainsi dans un cas particulier les fonctions de Cour de justice. Sous un régime républicain, il y aurait une inconséquence à maintenir, même pour le jugement des hauts fonctionnaires de l'État, l'existence d'une juridiction exceptionnelle. Les juridictions exceptionnelles ne rendent pas la justice; elles font des actes de gouvernement. Elles ne donnent pas satisfaction à la conscience publique; car le peuple ne peut voir dans des juges d'exception que des juges prévenus ou gagnés à la cause qu'ils jugent. Ces inconvénients sont encore plus grands quand le tribunal d'exception est un corps politique. Les chefs responsables du pouvoir exécutif devront donc être soumis, selon notre constitution républicaine, à la juridiction d'un tribunal ordinaire. Cependant, comme il leur faut des garanties particulières en raison de leur position dans l'État et des faits qui leur seront imputés, la constitution devra leur donner cette garantie de ne pouvoir être jugés que par le tribunal suprême de l'État.

Mais si la constitution ne donne pas aux chefs du pouvoir exécutif, prévenus de crimes politiques, la prétendue garantie d'une juridiction exceptionnelle, elle pourra leur en donner une plus efficace. Pour les délits politiques, dont les circonstances et l'état des esprits augmentent ou diminuent la gravité, la meilleure justice est la plus lente. La constitution devra assurer aux fonctionnaires accusés le bénéfice du temps; ces fonctionnaires devront ne pouvoir être jugés sous l'impression des faits qui auront motivé leur mise en accusation.

Ici se présenterait une dernière question, celle de savoir si notre constitution devra combler une lacune apparente qui se rencontre dans toutes les constitutions antérieures, en définissant l'attentat aux droits de la nation, le délit qui pourra motiver la mise en accusation des chefs responsables du pouvoir exécutif. Cette question ne pourrait exiger un long examen; car il est évident que toute définition de l'attentat politique écrite dans la constitution serait inutile et dangereuse. Inutile, parce que les cas de responsabilité sont trop divers, trop insaisissables pour pouvoir être l'objet d'une définition légale; dangereuse, parce que la définition nécessairement incomplète permettrait aux agents responsables de mettre leur responsabilité à l'abri derrière la constitution même. L'attentat politique ne présente jamais par sa nature qu'une question de fait, de temps, de lieu à résoudre : le définir, ce serait donc presque toujours gêner le pouvoir exécutif dans ses mouvements ou assurer d'avance l'impunité à des coupables.

Tels nous paraissent devoir être les principes de l'organisation du gouvernement républicain en France. Le mécanisme d'un tel gouvernement serait d'une simplicité qui mettrait la science politique à la portée de toutes les intelligences.

Plus de fictions constitutionnelles !

Plus d'irresponsabilité légale !

La liberté politique aurait pour garantie la division et l'indépendance réciproque des différents pouvoirs publics.

Le pouvoir législatif serait contenu par la coexistence de deux assemblées, et par l'impossibilité de mettre à exécution des lois inconstitutionnelles.

Le pouvoir exécutif serait contenu par le principe de l'élection du chef suprême, par la surveillance de la représentation nationale, par la responsabilité qu'encourraient ses ministres, et par l'impuissance dont il serait frappé pour la mise à exécution d'actes arbitraires.

Le pouvoir judiciaire serait contenu par l'impossibilité de se mouvoir par lui-même.

Enfin l'action du gouvernement serait prompte, uniforme, efficace; et, par le principe de l'élection appliqué au pouvoir législatif, au chef du pouvoir exécutif et aux membres du pouvoir judiciaire, cette action ne serait jamais que la mise à exécution de la volonté nationale.

Quelle que puisse être toutefois la simplicité du mécanisme de ce gouvernement, on sent qu'il ne pourra fonctionner dès sa création avec une régularité parfaite. Une constitution est comme une loi, disons plutôt même : c'est une loi d'un ordre plus élevé; son esprit ne peut être bien compris qu'après une expérience, longue quelquefois. Il faut que les traditions suppléent le texte, qu'une sorte de jurisprudence le développe, le corrige ou le restreigne. Cette nouvelle jurisprudence constitutionnelle s'établira lentement, mais sûrement, et consacrera définitivement les conquêtes de nos révolutions.

Une dernière observation :

Une constitution est, avons-nous dit, la loi fondamentale de l'État : l'immutabilité est de son essence. Si le législateur pouvait à son gré refondre ou seulement modifier la constitution, la constitution ne serait plus une loi qui le liât lui-même, et ne serait pas par conséquent ce qu'elle est, la loi fondamentale de l'État. Cependant, comme le progrès est la grande loi de l'humanité, et que la même constitution ne peut pas toujours être bonne pour le même peuple dans tous les temps, notre constitution devra pouvoir suivre le progrès des idées, et pouvoir se transformer. La question qu'il reste à examiner est de savoir comment la constitution pourra être modifiée.

En Angleterre, le parlement peut, de fait, modifier la constitution ; il est tout puissant. Mais cette toute puissance du parlement s'explique par une raison toute particulière à ce pays ; c'est qu'en Angleterre la constitution est non écrite, comme la loi civile et les autres lois, et que le parlement n'exerce jamais qu'un pouvoir purement *statutaire*. En modifiant la constitution, le parlement, par une fiction que l'on ne comprendrait pas chez nous, ne fait autre chose que développer l'esprit d'une disposition inconnue de la coutume constitutionnelle, mais dans l'esprit anglais il ne modifie pas la constitution.

En France, sous le régime représentatif, il en eût été autrement. La charte de 1814 eût pu être modifiée par le pouvoir qui l'avait octroyée. Quant à la charte de 1830, son immutabilité ne pouvait souffrir d'exception dans aucun cas ; car cette charte reconnaissait au-dessus du corps électoral un pouvoir chargé de la maintenir, qui n'était autre que la nation (art. 66), et à ce pouvoir elle ne reconnaissait pas le droit de changer ou modifier la constitution, mais seulement celui de la détruire.

Ces diverses constitutions n'ont donc rien à nous apprendre. Mais la constitution des États-Unis peut nous donner un enseignement. Elle déclare que des modifications peuvent être faites quand les deux tiers des membres composant les deux assemblées le jugent nécessaire, ou sur la demande des deux tiers des législatures des divers États. Notre constitution devra contenir une disposition analogue. La constitution pourra être modifiée sur la demande d'un nombre déterminé des membres de la représentation nationale, et les changements ne devront pouvoir être l'œuvre que d'une seule assemblée.

Conclusion.

En exposant les principes que nous croyons appelés à régir le gouvernement républicain en France, nous ne nous sommes pas fait illusion sur l'importance du bien que l'on peut attendre d'une constitution écrite, dans les circonstances actuelles. Les nations obéissent à des lois écrites; mais leurs destinées ne sont pas renfermées dans des textes. Les textes constatent l'état d'une nation; ils ne le font pas.

L'instinct populaire ne s'y est pas trompé. A côté des mots *liberté, égalité,* dont la constitution et les lois doivent développer le sens, il a écrit le mot *fraternité,* comme pour marquer que la révolution ne devra pas s'accomplir seulement dans les lois. La liberté, l'égalité civile, l'égalité politique seraient de pures abstractions si elles ne devaient être vivifiées par le sentiment chrétien de la fraternité. Fraternité! charité! noble devise, qui doit resserrer aujourd'hui le lien de la nationalité, demain peut-être le lien de l'humanité entière!

Nous l'avons dit dans le cours de ce travail, la révolution qui vient de s'accomplir est moins politique que sociale. Si l'on se reporte aux préoccupations du moment, si l'on interroge les besoins dont la voix publique se fait plus particulièrement l'écho, on reconnaîtra que les réformes politiques sont loin d'être le besoin le plus urgent. L'unité gouvernementale, l'unité administrative ne seraient qu'un vain masque sans l'unité morale, sans l'union des cœurs, sans la charité, sans la fraternité; or, l'union, la charité, ne peuvent être décrétées dans une constitution; elles le seraient d'ailleurs inutilement.

Ces observations réfutent à l'avance une objection dont les pages qui précèdent pourront être l'objet.

Certains esprits pourront trouver trop timides les réformes politiques que nous avons indiquées. Pour les esprits de cette nature, toute secousse violente imprimée aux sociétés doit rompre la chaîne du passé. Ils ne comprennent pas qu'une nation puisse accepter et répudier pour partie l'héritage d'une époque. Mais à ceux-là nous répondrons par les réflexions qui viennent d'être présentées. Toute révolution sociale nécessite des réformes politiques, sans doute, car pour arriver à un but différent il faut d'autres moyens; mais bouleverser l'organisation politique d'un État sans une nécessité reconnue, ce ne serait point avancer, ce serait reculer dans le passé pour recommencer le dur apprentissage de la vie politique.

Toute commotion sociale n'impose pas un tel labeur; celle que notre société vient d'éprouver a un caractère différent des autres révolutions ses aînées. La France n'a pas à conquérir ses libertés, à fonder l'égalité dans la famille et dans la cité, à établir l'unité gouvernementale et administrative. Ce qui lui manque, ce qu'elle devra fonder, c'est l'unité morale; cette unité, ce n'est ni la constitution, ni les lois qui la donneront; elle ne se décrète pas.

Que l'on ne s'étonne donc pas des ressemblances que notre constitution républicaine pourra avoir avec celles qu'elle remplace; que l'on ne s'effraie pas davantage de la complication de certaines combinaisons constitutionnelles. Le droit sera toujours une science. L'extrême simplicité d'un système d'organisation politique est comme l'extrême simplicité d'un système de procédure; elle n'assure pas la liberté de tous.

Nous terminerons ici ce travail trop précipité, mais nous

le terminerons en exprimant un vœu qui est dans tous les cœurs : c'est qu'une révolution faite au nom du sentiment de la fraternité amène la reconciliation de toutes les classes de la grande famille, et ne substitue pas la domination oppressive d'une classe à la suprématie d'une autre.

Imprimerie de Gustave Gratiot, 11, rue de la Monnaie.